清史镜鉴

——部级领导干部清史读本

第五辑

国家清史编纂委员会
国家清史纂修领导小组办公室 编

国家图书馆出版社

**图书在版编目（CIP）数据**

清史镜鉴：部级领导干部清史读本·第五辑／国家
清史编纂委员会，国家清史纂修领导小组办公室编.
—北京：国家图书馆出版社，2012.3（2022.6 重印）
ISBN 978－7－5013－4735－3

Ⅰ.①清… Ⅱ.①国… ②文… Ⅲ.①中国历史－研
究－清代－干部教育－学习参考资料 Ⅳ.①K249.07

中国版本图书馆 CIP 数据核字（2012）第 034383 号

| | |
|---|---|
| 书　　名 | 清史镜鉴——部级领导干部清史读本·第五辑 |
| 著　　者 | 国 家 清 史 编 纂 委 员 会<br>国家清史纂修领导小组办公室　编 |
| 责任编辑 | 郭又陵　孙　彦 |
| 特约编辑 | 赫晓琳　赵晨岭 |

出版发行　国家图书馆出版社（北京市西城区文津街 7 号　100034）
　　　　　（原书目文献出版社　北京图书馆出版社）
　　　　　010－66114536　63802249　nlcpress@ nlc. cn（邮购）
网　　址　http://www.nlcpress.com
排　　版　北京文雨信来科技发展中心
印　　装　北京武英文博科技有限公司
版次印次　2012 年 3 月第 1 版　2022 年 6 月第 3 次印刷

开　　本　850×1168　1/16
印　　张　16.25
字　　数　240 千字
书　　号　ISBN 978－7－5013－4735－3
定　　价　50.00 元

# 序

  清朝是我国历史上最后一个封建王朝，统治中国长达 268 年之久，其前期在发展经济文化、巩固国家统一、加强民族团结等方面甚有功绩。中叶以后，内外矛盾尖锐，外敌入侵，国内动荡，政治日益败坏，其失误和教训，实足发人深省。清亡距今不足百年，离我们时间最近，对我们的现实生活影响较大。"今天的中国是历史的中国的一个发展"，要根据中国国情，建设中国特色社会主义，就要学习和研究历史，特别是离我们今天很近的清史。

  新中国成立后，为了弘扬文化、传承国脉，党和国家领导人十分重视清史纂修，曾成立相关机构进行筹备，但由于种种原因，修史之事，几起几落，一直未能启动。2002 年 8 月，中央领导作出纂修清史的重大决定，相继成立了清史纂修领导小组、清史编纂委员会，清史纂修工程，于焉肇始。

  清史纂修不仅具有重大的学术价值，还和现实生活有着密切的关系，它不是网罗奇闻逸事，不是观赏陈迹古董，不是"发思古之幽情"，而是和时代脉搏的跳动息息相关。中国封建社会发展缓慢，延续了两千多年，到了清代，它具有什么特点？它的经济、政治、文化发展到了怎样的高度？清代众多的历史人物应该怎样评价？清代很多扑朔迷离的事件真相如何？为什么古代中国一直处于世界的先进行列，而到了清代却愈来愈落后？在统一多民族国家和整个中华民族发展史上，清朝统治的 268 年究竟处于什么地位？应该对其如何评价？如果没有外国的侵略，中国将会沿着什么方向发展，发展的前途可能会是怎么样？这些都是此次清史纂修所要研究和揭示的重大问题。

清史编纂工作自 2002 年启动以来，在党中央、国务院的关心下，经过海内外专家们的鼎力合作和辛勤努力，目前已有大批阶段性研究成果相继产生。在有计划、按步骤推进清史纂修的同时，为了更加全面、广泛、客观地反映纂修中取得的重要成果，及时将其应用于我国新时期新阶段社会主义现代化建设，充分发挥清史纂修在资政、存史、育人等方面的重要作用，经清史纂修领导小组副组长、文化部副部长周和平同志提议，在清史纂修领导小组办公室诸同志的努力下，于 2006 年 7 月开始编发《清史参考》。刊物集学史和资政于一体，兼顾资料性和时政性，择要刊登在清史纂修中形成的部分科研成果。内容大致涉及典章制度、名人史事、轶闻掌故、档案文献、学术争鸣、资料考证等，力求如实反映三百年清朝历史的真实面貌，给读者以较丰富、较切实之清史知识。

历史是已经逝去了的人和事的记录，是各个国家和民族的文化创造。人有反思往事的感情，有寻根问先的愿望，有从自身的经验教训中学习的天赋。人类在不断前进，但每一代人都是在前人的基础上进行创新，不断前进的。这就形成了文化的传承和历史的延续，形成了历史、现实、未来之间相通的无穷无尽的长链。现实深深植根于历史之中并通向遥远的未来。历史研究可以帮助人们在过去的远景中认识自己，并为未来的创新指点方向。历史学虽然不能像应用科学那样快速而直接地取得实用效益，但它的功能是长期的、巨大的。人类如果忘记了自己的历史，将会在现实和未来中迷失方向。历史学是传承文明、陶冶心灵、提高素质、建设社会主义精神文明所必需，也是了解社会、掌握国情、管理和建设国家、进行战略决策所必需。

《清史参考》创刊后赢得了较好的社会反响。办刊两年来，共有 50 余位专家在《清史参考》刊发文章。《清史参考》的作者，大多为清史纂修工作的项目承担者，也有一些是清史编纂委员会的骨干专家，都学有所长，是各自研究领域的佼佼者。所载文章不仅有很强的学术性，还多富深刻的现实意义，具有一定的参考价值，且篇幅短小、风格朴实、文字流畅、可读性强。应该说，对于现阶段社会上流行的种种"戏说"清史的文艺作品，能够起到一定的校正作用，用真实的历史史实来教育青年，教育大众。这本身也是历史学家们理应担负的一种社会责任。

近日，欣闻国家清史纂修领导小组办公室计划将《清史参考》结集出版，以扩大清史纂修的社会影响，使刊物资政、存史、育人之价值泽及社会、服务学界、繁荣文化，心喜之余，略缀数语，以为序言。

戴　逸

2008 年 7 月 28 日

# 目　　录

## 政治

## 经济社会

## 思想文化

# 辛亥革命百年的历史思考[*]

## 李文海

100 年前发生的辛亥革命，是中华民族伟大复兴历史进程中的一个重要里程碑。100 年来，我们的民族从不断沉沦到自立于世界民族之林；我们的国家从风雨飘摇、濒临灭亡边缘到综合国力大幅跃升、大踏步走向繁荣富强；我们的人民从穷苦不堪到总体上实现小康，政治生活、经济生活、文化生活、社会生活发生了翻天覆地的变化。这样的历史性巨变是怎样实现的？其中蕴涵着怎样的历史启示？

## 辛亥革命发生的历史必然性

辛亥革命的发生并非偶然。它既不是由于"西方思想的影响"激起的"骚动和不安"，也不是在少数人"极端感情"或"革命狂热"煽动下的"幼稚与疯狂"，而是社会矛盾运动的产物，有着深刻的历史根源和社会根源。

从 1840 年鸦片战争开始，中国一步步沦为半殖民地半封建社会。殖民主义、帝国主义通过对中国多次发动侵略战争，强迫

---

* 本文原载于 2011 年 9 月 20 日《人民日报》第 7 版"纪念辛亥革命 100 周年·专论"栏目。

中国订立了许多不平等条约。根据这些条约，它们一方面牢牢控制了中国的政治和军事，把封建统治阶级变为它们统治中国的支柱；一方面操纵中国的财政和经济命脉，在经济上进行剥削掠夺，阻碍中国资本主义的生长和生产力的发展。在帝国主义和封建主义的双重压迫下，中国面临着"内忧外患"的极大危机。1895年，孙中山先生在《香港兴中会章程》中指出，中国的外部环境是"堂堂华国，不齿于列邦；济济衣冠，被轻于异族"，"强邻环列，虎视鹰瞵"，"瓜分豆剖"，"蚕食鲸吞"；国内状况则是"政治不修，纲维败坏"，"鬻爵卖官，公行贿赂"，"盗贼横行，饥馑交集，哀鸿遍野，民不聊生"。这是一幅何等触目惊心的悲惨景象！

当时中国社会的主要矛盾，一个是帝国主义和中华民族的矛盾，一个是封建主义和人民大众的矛盾，而帝国主义和中华民族的矛盾乃是各种矛盾中最主要的矛盾。这是因为，造成近代中国国弱民贫最根本的原因，正是帝国主义的野蛮侵略。漆树芬在1926年出版的《经济侵略下之中国》一书中曾这样写道："弱我中国者，资本帝国主义也；致我于危亡者，由此产生之不平等条约也。资本帝国主义实为蚕食我之封豕长蛇；不平等条约实为束缚我之桎梏陷阱。"在这种情况下，要挽救国家的危亡、寻求民族振兴的出路，就要把斗争的矛头指向压迫和阻止中国社会向前发展的帝国主义及其附庸封建主义。包括辛亥革命在内的中国革命运动，就是在这些基本矛盾的基础上发生和发展起来的。因此，如果要用最简洁明确的语言来回答辛亥革命发生的原因，那就是毛泽东同志所说的："帝国主义的侵略引起了反抗"，"辛亥革命是革帝国主义的命。中国人所以要革清朝的命，是因为清朝是帝国主义的走狗"。

事实上，进入近代以来，中华民族从来没有停止过争取民族独立和人民解放、实现国家富强和人民富裕的美好追求，没有停止过反帝反封建的斗争。在辛亥革命以前，这种斗争主要表现在三个方面：

一是在列强发动的侵略战争面前，中国广大爱国将士和民众勇敢地拿起武器，进行顽强的抵抗，表现了中华儿女不畏强暴、保家卫国的民族精神。不论鸦片战争、第二次鸦片战争、中法战争、中日甲午战争还是八国联军侵华战争，都是如此。但由于社会制度腐败、经济技术落后，这些战争都以中国的失败而告终。

二是以农民为主体的下层群众，不堪忍受帝国主义和封建主义的欺凌和压迫，拿起原始武器，直接对封建统治阶级或帝国主义展开武装斗争。太平天国农民战争、义和团运动，就是其中最突出的表现。但是，由于自身的局限性，这两个运动最终都在中外反动势力的联合血腥镇压下惨遭失败。

三是戊戌维新派的政治改革运动。甲午战争前后，维新派总结了清王朝推行洋务运动、企图在维护封建统治的前提下学习西方物质文明的成功做法和失败教训，决心按照西方的政治制度模式对中国的封建政治进行大胆改革，发动了戊戌变法。但这些改革举措为封建顽固势力所不容，变法活动仅仅进行了 103 天，就在慈禧太后的镇压下夭折了。

这三个方面的斗争，都是中国人民在不同时期和不同程度上反对帝国主义和封建主义压迫的斗争。虽然这些斗争都作出了自己的历史贡献，但总体来说都还只处于资产阶级民主革命的准备阶段，因为它们都只是在个别方面打击了外国侵略者和国内封建势力，还没有能够提出较为系统的民族革命和民主革命的政治纲领。只有孙中山先生领导的辛亥革命，才在比较完全的意义上开始了资产阶级民主革命。

孙中山先生在成立兴中会的时候，就在神州大地上第一次响亮地喊出了"振兴中华"的口号。在中国同盟会成立前后，孙中山先生又提出了民族、民权、民生的"三民主义"，集中反映了中国人民追求民族独立、民主自由和民生幸福的崇高理想，特别是明确提出要推翻君主专制政体、建立民主共和国。这是以往从未有过的政治理念，把民主主义推进到了一个崭新的高度，开创了完全意义上的近代民族民主革命。

辛亥革命就是在这样的政治旗帜下开展起来的。

## 辛亥革命怎样为中国的进步打开了闸门

辛亥革命推翻了清朝统治，结束了我国两千多年的君主专制制度，建立了中华民国，这是一个伟大的胜利。但是，这场革命没有实现真正的民族独立和政治民主，没有改变中国半殖民地半封建的社会性质和人民的悲惨境遇，国家统一的局面很快为军阀混战所代替。从这个意义上说，辛亥革命又是失败的。

认清辛亥革命失败的一面，可以使人们进一步了解中国革命的艰巨性和长期性，就像孙中山先生晚年所说："革命尚未成功，同志仍须努力。"后继者只有在总结辛亥革命失败教训的基础上，探索新的道路，进行艰苦斗争，才能实现民族独立和人民解放、国家富强和人民富裕的历史任务。不过，如果把辛亥革命放到中华民族伟大复兴的历史进程中去考察，则我们应该更加深入地研究它的伟大历史意义，具体分析它怎样为中国的进步打开了闸门。

辛亥革命带来了一次思想上的大解放。封建君主专制制度被推翻，意义并不仅仅在于赶跑了一个皇帝，更在于在两个重大政治原则问题上对传统思想作了根本性的颠覆。一是过去被认为至高无上、神圣不可侵犯的专制独裁政治，被宣布为罪恶的、黑暗的、"不是平等自由的国民所堪受的",公开声称:"敢有帝制自为者,天下共击之!"这是对以往政治是非的一个根本颠覆。二是过去被认为是卑贱的、可以任意生杀予夺的"愚民""草民",被宣布为国家的主人。这是对以往政治是非的又一个根本颠覆。早在同盟会时期,革命派就提出"国家为人民之公产,凡人民之事,人民公理之";在制订《中华民国临时约法》时,孙中山先生特地要求加上"中华民国之主权,属于国民全体"的内容。这两条虽然在现实政治生活中没有立即实现,但至少在法律上、观念上得到了认可,成为绝大多数人的共识,其对后来政治产生的影响是十分巨大、十分深远的。辛亥革命以后,任何形式的专制独裁统治都无例外地以失败而告终,追根溯源,不能不说同上面提到的政治思想的变革有着密切的关联。因此,辛亥革命后,政权虽然落到了袁世凯手里,辛亥革命的政治成果却并没有完全丧失。辛亥革命不仅铲除了中国封建势力最顽固的堡垒,宣告了封建君主专制统治时代的结束,而且促进了人们民主意识的极大提高,迈出了从专制向民主转化的重要一步,为中国的政治现代化开创了一个新的阶段。思想的大解放促进了人们在道德观念、社会风俗及生活习惯等方面发生了一系列新的变化。革命活动本身就是对许多陈腐观念的巨大冲击和涤荡。南京临时政府成立后,又大力革除封建陋习,提倡社会新风。如废除对官吏的跪拜礼,禁称"大人""老爷";废止奴婢,解放"贱民";男子剪辫,女子放足;禁止种植和吸食鸦片;提倡科学、反对迷信;等等。这些措施,使社会一时出现了生机勃勃的景象,对改变社会风气产生了长远影响。

辛亥革命为社会经济发展创造了重要条件。辛亥时期的革命志士们,始终把国家富强和人民幸福作为自己追求的目标。他们一方面深信,只要推翻了封建专制主义的统治,中国一定能够在经济发展中取得"异常之速度"，在短期内"迎头赶上"甚至超过西方国家；一方面通过发展经济，努力改善民生，"为人民谋福祉"。南京临时政府成立后，为了振兴实业，成立实业部，先后颁布一系列有利于工商业发展的政策、法令，使当时的经济发展出现了一个前所未有的高潮。民国初年，现代工业无论在数量、规模、范围还是影响上都大大超过晚清几十年的总和，教育事业、新闻出版事业、医疗事业等也都有了明显的进步。这就为以后的社会经济发展创造了重要条件。

辛亥革命为中华民族共同体的构建作出了积极贡献。在辛亥革命的准备时期，革命派曾提出过"反满"的口号。这个口号自然有它的历史局限性，但其实质还是反对以满族贵族为最高统治者的封建独裁政权，而不是反对满族这个民族。到了清王朝覆亡后，革命派就立即高举民族平等的大旗，强调消除民族畛（zhěn，界限）域、促进民族和睦。孙中山先生在《临时大总统宣言书》中明确宣布："国家之本，在于人民。合汉、满、蒙、回、藏诸地为一国，即合汉、满、蒙、回、藏诸族为一人。是曰民族之统一。"在另外的文件中，孙中山先生还强调只有实现国内各民族的平等，才能"和衷共济，丕兴实业，促进教育，推广东球之商务，维持世界之和平"。这些认识和举措，是以往历代封建政权所从未有过的，在中华民族的发展历史上有着重大而深远的意义。

辛亥革命为中国共产党的成立准备了条件。辛亥革命后10年，中国共产党诞生。这两个重大历史事件之间，存在着显而易见的内在联系。辛亥革命导致的思想解放，为包括马克思主义在内的各种政治和社会学说的传播提供了环境和条件；辛亥革命追求资产阶级共和国的梦想的破灭，促使人们在怀疑和失望中另觅新路，为选择社会主义打下了思想基础；辛亥革命后民族资本主义的发展，壮大了无产阶级的力量，为中国共产党的成立准备了阶级基础；中国共产党的早期活动家有一部分是积极参加辛亥革命甚至在同盟会时期就担负重要领导责任的，有一部分是受到辛亥革命重大影响的，从这个意义上说，辛亥革命也为中国共产党的成立准备了干部条件。中国共产党成立后，始终把自己为之奋斗的事业视为辛亥革命的继续和发展，并公开声称，现代中国人，除了一小撮反动分子以外，都是孙中山先生革命事业的继承者。中国共产党所继承的，就是辛亥革命为实现民族独立和人民解放而进行的反帝反封建斗争，就是为争取国家富强和人民富裕的中华民族伟大复兴事业。中国共产党不仅把旧民主主义革命发展到新民主主义革命，而且在新民主主义革命取得伟大胜利的基础上进行了社会主义革命和社会主义建设。这种又继承又发展的历史进程，就是历史发展的辩证法。

综观我国进入 20 世纪一直到现在百余年的历史，中国人民在前进道路上经历了三次历史性的巨大变化：第一次就是辛亥革命，第二次是中华人民共和国的成立和社会主义制度的建立，第三次是改革开放。正确认识百余年来的中国历史，最关键的是正确认识这三次历史性巨变之间的历史联系和辩证关系。没有辛亥革命推翻统治中国几千年的君主专制制度，开创完全意义上的中国近代民族民主革命，也就谈不上革命从旧民主主义向新民主主义的转变。没有新民主主义革命推翻帝国主义、封建主义、官僚资本主义的反动统治，建立人民当家做主的国家政权，确立社会主义基本制度，并取得社会主义革命和建设巨大成就，也就不可能有改革开放的伟大事业，不可能有中国人民在中国特色社会主义道路上取得的举世瞩目的伟大成就。历史的发展就像长江大河之运行，川流不息、奔腾向前、前后承续、无法切断；又如登临崇山峻岭，必须由低及高，拾级而上，每一个台阶都是通往顶峰的必经阶梯。看到过去的贡献而无视现实的超越，或者以今天达到的水准去嘲弄昨日之幼稚，都不是历史主义的态度。

## 辛亥革命的精神遗产

任何历史人物，即使像孙中山先生这样的伟大人物，也不可避免地会有其历史局限性，会有缺点甚至会犯错误。辛亥志士们在革命理念和斗争实践中同样存在着这样那样的问题和失误，这需要进行认真总结。但是，他们为了国家民族的未来抛头颅、洒热血，置生死安危于不顾，置功名利禄于度外，谱写了可歌可泣的历史篇章。他们气壮山河、感动天地的英雄事迹，为中华民族精神增添了新的内容，是今天仍然值得珍视的精神遗产。这主要表现在以下几个方面。

为振兴中华而矢志不渝、顽强奋斗的爱国情怀。爱国主义是中华民族的优良传统，从来就是推动中国社会历史前进的巨大精神力量。孙中山先生曾经说自己"爱国若命"，"生平以爱国为前提"。事实上，所有辛亥志士无不是由爱国精神所驱使而投身于革命的。鲁迅写过"寄意寒星荃不察，我以我血荐轩辕"的诗句，吴玉章写过"为求富国强兵策，强忍抛妻别子情"的诗句，这些诗句真实地反映了那个时代许多革命者的共同心声。他们为了挽救民族的危亡、求取国家的富强，宁肯放弃舒适的生活、离开温暖的家庭、抛却个人的幸福，而选择一条困苦艰险、荆棘丛生的革命之路，甚至不惜献出青春和生命。对祖国前途和命运魂牵梦绕的关注，对中华民族整体利益执著不屈的追求，使他们汇聚在一起，形成一支向阻碍中国社会前进的独裁政权宣战的战斗队伍。辛亥革命时期的爱国主义有着鲜明的时代特色：一是把爱国主义与民族独立要求相结合，以"造成独立自由之国家"为重要目标；二是把爱国主义与民主主义相结合，为建立共和政治而奋斗不息；三是把爱国主义与国家统一相结合，指出只有国家的"统一独立"才有国家的"兴盛"，只有建立统一的国家才能"达革新之目的"。孙中山先生强调："'统一'是中国全体国民的希望。能够统一，全国人民便享福；不能统一，便要受害。"这就把近代的爱国主义提升到了一个崭新的水平。

"以浩气赴事功，置死生于度外"的献身精神。一群开始时几乎是赤手空拳的革命者，要推翻一个虽然已经腐朽却还掌握着全部国家机器并有着根深蒂固的封建势力以及帝国主义列强作后盾的清王朝，将会遇到怎样的艰难险阻是可以想见的。辛亥志士们勇敢地直面困难，为实现自己的理想锲而不舍、百折不挠，表现了坚强的意志和坚定的决心。正如孙中山先生所说："吾志所向，一往无前，愈挫愈奋，再接再厉。"这个概括，既是孙中山先生毕生经历的真切写照，也是许多辛亥志士的共同品格。女革命家秋瑾在致友人信中表示了这样的信念："已置吾生命于不顾，即不获成功而死，亦吾所不悔。"方声洞在参加黄花岗起义前，给父亲写下了这样的诀别书："夫男儿在世，不能建功立业以强祖国，使同胞享幸福，奋斗而死，亦大乐也。且为祖国而死，亦义所应尔也。"他们用自己的行动实践了自己的誓言。对于这些革命先烈，我们由衷地抱着至深的敬意。

关心民生疾苦、立志为百姓谋福祉的高尚品德。在辛亥志士的心目中，祖国并不是一个抽象的概念，而是以数万万同胞为实体的具体存在。真诚地热爱、关怀人民群众，深切同情劳动群众的苦难，为人民谋取幸福，是他们奋斗目标的一个重要内容。孙中山先生曾说："三民主义是为人民而设的，是为人民求幸福的"，革命"就是要除去人民的那些忧愁，替人民谋幸福"。他们深深懂得，要替人民谋幸福，必须改变"国贫民瘠"的状况。

当有人批评革命只有破坏、没有建设时，他们回答说：革命正是为了建设，"革命之破坏与革命之建设必相辅而行"，只有推翻了腐朽政权之后，才可以"大力发展社会生产，解决好人民的衣食住行问题"。所以，"革命的目的是为众生谋幸福"。我们只要看一看孙中山先生关于革命后中国如何发展经济、实现工业化、提高人民生活水平的宏伟设想，就可以清楚地了解他对于国家富强和人民幸福抱着何等殷切的期望。

顺应时代潮流、放眼世界的博大胸怀。孙中山先生和他的战友们对国家民族前途命运的思考，常常能以世界眼光观察国际大势，从而作出顺应时代潮流的判断和决策。"世界潮流，浩浩荡荡，顺之则昌，逆之则亡"，成为孙中山先生自觉遵循并时刻不忘的座右铭。他强调，解决中国的问题，只有"内审中国之情势，外察世界之潮流，兼收众长，益以新创"，才能收到积极的成效。孙中山先生本人，从和平改良到武装反清，从追求资产阶级共和国到"以俄为师"，从依靠某些军阀势力到"联俄、联共、扶助农工"三大政策的确立，始终随着时代变化而不断前进。同时，辛亥志士们也强烈地意识到中国对于世界文明所肩负的历史责任。早在1904年，孙中山在给美国人民的一封信中就满怀信心地说："一旦我们革新中国的伟大目标得以完成，不但在我们的美丽的国家将会出现新纪元的曙光，整个人类也将得以共享更为光明的前景。普遍和平必将随中国的新生接踵而至。"他们坚信，一旦革命成功，中国一定能对人类作出新的更大的贡献。类似这样的言论，在革命派其他人物的口中也屡见不鲜。

100年前，这些思想成为推动人们投身革命的巨大精神力量。直至今天，革命先辈留下的精神遗产仍然没有失去思想光辉，仍然是实现中华民族伟大复兴的强大精神动力。

# 作者简介

　　李文海，1932 年生，江苏无锡人。中国人民大学原校长，中国人民大学清史研究所教授，国家清史编纂委员会委员。长期从事中国近代史的教学与研究工作，出版有《世纪之交的晚清社会》《历史并不遥远》《近代中国灾荒纪年》等专著。

# 辛亥革命前后尊黄思潮的演变
# 与中华民族的伟大复兴

## 王俊义

　　辛亥革命作为完整意义上的中国民族民主革命，不仅具有里程碑式的伟大历史意义，而且具有十分重大的现实意义。在当今既有发展机遇，又有严峻挑战的国内外形势下，为使整个中华民族于 21 世纪更加统一与团结，为实现中华民族的和平崛起和伟大复兴而共同奋斗，有必要站在时代高度，进一步深化对辛亥革命的研究，作出更加实事求是的认识和评价。

　　学术界从思想文化的视角，在探讨辛亥革命的思想渊源及当时的文化现象时，已就当时的革命派对中华民族人文始祖轩辕黄帝的敬仰和尊崇作了一定研究，但将尊黄思潮与辛亥革命及民族复兴联系起来看，则还有进一步研究的空间。

　　近期，历史学家章开沅先生说："历史是一个整体，不从整体上把握辛亥革命是有问题的。"因此，他建议"将辛亥革命的研究扩充到上下三百年，除了展望过去，还应将下一个百年纳入视野，因为辛亥革命是人类历史中的一个部分"（《中华读书报》2011 年 3 月 16 日）。如果以广阔视野来观察辛亥革命，可以得出明确的结论：辛亥革命的酝酿与爆发是中外历史发展的必然，而绝非是突发的偶然事件。辛亥革命前一百年乃是 19 世纪初叶，当时中国康乾盛世的辉煌已成过去，清王朝已处处呈现"日之将夕"的衰败景象。而西方资本主义世界经过 17 世纪以来的产业革命，获得长足发展，正走向帝国主义的殖民地扩张时期。处于世界东方的中国已纳入其疯狂掠夺的视野，特别是经过 19 世纪中叶的鸦片战争，中国逐步沦入半殖民地半封建社会。正是为了挽救民族危亡，许多仁人志士前仆后继，走上探索民族复兴、争取民族独立富强之路。始有开明的封建士大夫提倡变革图强的经世致用思潮，又有太平天国农民运动，继之是资产阶级早期改良思潮，接着是洋务运动，后来又有戊戌维新变法。这些前后相继的思潮，在中国由传统社会向近代社会转型过程中程度不同地产生过积极作用和影响，应该说都是百多年来争取民族复兴的组成部分，却都不能挽狂澜于既倒，清朝的统治愈发腐败和无能，甚至要"量中华之物力，结与国之欢心""宁赠友邦，不与家奴"，帝国主义的侵略也由此更加得寸进尺，致使中国面临瓜分豆剖、国之将亡的危局，同时，民众的苦难也更加水深火热，已到走投无路之险境。正是在这样的内外形势下，孙中山领导了资产阶级民主革命，经过多次起义，最后爆发了辛亥革命，从而结束两千多年的封建君主专制统治。

孙中山先生在领导发动辛亥革命的过程中，既吸收了西方资产阶级民主革命的思想学说，也继承了中华民族传统文化中的优秀思想。特别是为了增强全民族的凝聚力、向心力，为团结海内外炎黄子孙，以公认的人文始祖黄帝做号召，而打出黄帝旗帜。当时许多革命家、思想家都极力推崇黄帝，作演说，写诗文，赞颂黄帝。年青的革命家陈天华在其《警世钟》里说："中国内部十八省的四万万人，皆是黄帝公公的子孙。"刘师培还写了《黄帝纪年论》，他认为"吾四百兆汉种之鼻祖者谁乎？是为黄帝轩辕氏。是则黄帝者，乃制造文明之第一人，而开四千年之化者也，故欲继黄帝之业，当自用黄帝降生为纪年始"，并由此得出结论："欲保汉族之种，必以尊黄帝为急。"鲁迅先生也有脍炙人口的诗句："灵台无计逃神矢，风雨如磐暗故园。寄意寒星荃不察，我以我血荐轩辕。"孙中山先生在其《军政府宣言》中亦说："我汉人同为轩辕之子孙。"由于诸多革命家、思想家的宣传与号召，当时对黄帝的尊崇可谓铺天盖地，无以复加。许多报刊都开始用黄帝纪年，并在前页印上大幅的"中国民族始祖黄帝之像"。在诸如《民报》《复报》《苏报》《浙江潮》《湖北学生界》等不少有影响的报刊上，都刊载了大量尊崇黄帝的诗文。有些出版社还选辑了有代表性的尊崇黄帝的诗文，印成《黄帝魂》一书，广为散发。总之，在辛亥革命前夕，确实掀起了浩浩荡荡、势如破竹的尊黄思潮，这股思潮，在唤起民族意识，凝聚调动民众力量，推动革命发展，激化反满、排满思想，加速清朝统治灭亡，促进辛亥革命胜利等方面，成为强大的精神动力，发挥了积极的作用和影响。但毋庸讳言，由于其过分强调血缘种族意识，笼统地鼓吹仇满思想，甚至不承认黄帝是满族之祖先，否认满族也是黄帝之子孙，显然具有浓厚的大汉族主义倾向，从长远看不利于民族国家的构建和整个中华民族的大团结。因此，我们对辛亥革命前兴起的尊黄思潮，需要用科学的态度予以分析和总结。

事实上，对于辛亥革命前尊黄思潮的缺陷，包括革命派在内的有识之士早就有所觉察，蔡元培早在1903年就在《释仇满》一文中指出："故近日纷纷仇满之论，皆政略之争，而非种族之争也。"为了团结中华各民族共建中华民国，以实现中华民族的振兴，当清朝帝制崩溃后，孙中山领导的革命派从总结历史经验教训出发，即迅速抛弃了排满主义，更新和丰富了尊崇黄帝的内涵。在辛亥革命前曾经发表有一系列排满、仇满言论的章太炎于武昌起义爆发后，便致函留日的满洲学生："君等满族，亦是中国人，农商之业，选举之权，一切平等。"这可以说是尊黄思潮在辛亥革命后历史性的演变和发展。孙中山先生尤其有远见卓识，他于1912年1月1日在《临时大总统就职宣言》中站在全民族统一的高度庄严宣布："国家之本，在于人民，合汉、满、蒙、回、藏诸地为一国，即合汉、满、蒙、回、藏诸族为一人，是曰民族统一。"尤其值得注意的是，1912年3月，中山先生还以临时大总统的名义，派了一个由15人组成的代表团，赴陕西中部县致祭轩辕黄帝陵，并亲手写了《黄帝赞》，这就是人们耳熟能详的"中华开国五千年，神州轩辕自古传。创造指南车，平定蚩尤乱，世界文明，唯有我先"。这首《黄帝赞》可谓气势恢宏，既高屋建瓴地肯定了中华民族五千年的文明史及其在世界历史上的领先地位，又言简意赅地赞扬了黄帝之伟大创造和历史功勋，实开启了现代伟人歌颂民族人文始祖之先河。此后，中山先生又在《五族国民合进会序》中说："夫五族国民原同宗共祖之人，同一血统，所谓父子兄弟之亲也。"应该"各以其所有余，……合一炉以冶之，成为一大民族"。他以极其诚恳的态度和鲜明的思想，抛弃辛亥革命前"驱除鞑虏"的口号，转而倡导"五族共和"，告诫国民"我们是黄帝的子孙，要素强大，行乎强大"。孙中山先生高举黄帝旗帜歌颂黄帝勋业，倡导中华各民族大共和、大团结，以使我民族兴盛强大，实为中华各民族、各派别共尊黄帝为民族之人文始祖，共同为中华民族复兴而奋斗，奠定了思想基础。

辛亥革命以来近百年的历史进程也一再证明，无论是中华民族面临危亡关头，或者是强大兴盛、进一步腾飞之际，黄帝形象与黄帝精神，都是鼓舞中华民族的旗帜和偶像。抗日战争期间，当中华民族处于生死存亡之际，国共两党捐弃前嫌，以民族大业为重，决心共赴国难，合作抗日，因于1937年清明节，同时派出代表共祭黄帝陵。毛泽东主席还亲自写了祭文曰:"赫赫始祖,吾华肇造,胄衍祀绵,岳峨河浩。聪明睿知,光被遐荒,建此伟业,雄立东方。""各党各派,团结坚固,不论军民,不分贫富,民族阵线,救国良方,四万万众,坚持抵抗。民主共和,改革内政,亿众一心,战则必胜。还我河山,卫我国权,此物此志,永矢无谖(xuān,忘记)。"国民党中央执行委员会也特派国民党元老张继与顾祝同将军抵达桥山"致祭于我开国始祖轩辕黄帝之陵前,欲使来者知所绍述,以唤起我民族之精神"。经过八年浴血奋战,终于取得抗日战争胜利,捍卫了国家独立和民族尊严。

从抗日战争胜利直至新中国成立,对黄帝的尊崇和祭祀始终不绝如缕,改革开放的今天,又迎来海内外炎黄子孙尊崇黄帝的新高潮。我国经过 30 多年的改革开放,国家走向繁荣兴盛,经济获得长足发展,人民生活明显改善,国家的综合实力和国际地位大大提高,中华各民族空前团结。然而,我们还必须保持清醒的头脑,海峡两岸尚未统一,国民生产总值虽已上升至全球第二,但按人均计算仍远远落后于发达国家,在国内政治、经济、文化与社会生活中尚有诸多深层次的矛盾和问题,这些都影响民族凝聚力的增强。孙中山先生于 1925 年逝世前留下《遗嘱》:"余致力于国民革命,凡四十年,其目的在求中国之自由平等,积四十年之经验,深知欲达此目的,必须唤起民众,及联合世界上以平等态度待我之民族",最后还殷殷嘱咐:"现在革命尚未成功,凡我同志,务须依照余所著建国方略……继续努力。"我想,孙中山先生终生追求的民族、民权、民生的思想学说及其遗嘱中所说:革命尚未成功,同志仍需努力,至今仍有强烈的现实意义。

## 作者简介

王俊义，1937 年生，河南封丘人。中国人民大学清史研究所原所长、教授，中国社会科学出版社原总编辑，中华炎黄文化研究会副会长。长期从事清代学术思想文化的教学与研究，主要著作有《清代学术与文化》（合著）、《清代学术与文化史论》（合著）、《清代学术研讨录》，主编有《传统文化与现代化》《炎黄文化与民族精神》等。

# 清帝退位诏书

## ——中国封建君主专制制度终结的标志

邹爱莲

1911 年的辛亥革命推翻了清朝的封建统治，结束了中国两千多年的君主专制制度。反映这一重大历史事件的重要标志之一，就是宣统三年十二月二十五日（1912 年 2 月 12 日），隆裕太后代表 6 岁的皇帝溥仪颁布的"退位诏书"，通常称为"清帝退位诏书"或"宣统退位诏书""溥仪退位诏书"。

一

在中国历史上，以往的"退位诏书"是指权臣当朝、皇室暗弱时，处于弱势的君王不得已把皇位禅（shàn）让给大臣而发布的告天下书。一般有两份，一份是皇帝退位前先自责一番的"罪己诏"，另一份是通过一定形式发布的禅让"退位诏"。但宣统帝的这份退位诏书则略有不同。

一是"罪己诏"不是为退位而发，而是在退位诏书颁布之前的三个月，即宣统三年九月初九，由溥仪父亲监国摄政王载沣以宣统帝名义发布的，目的是想通过主动"罪己"来保全帝位。诏书中除"罪己"之外，还表示：今后皇帝将"誓与我国军民，维新更始，实行宪政，凡法制之损益，利病之兴革，皆博采舆论，定其从违，以前旧制旧法，有不合于宪法者，悉皆除罢"。

二是退位诏书实际上是隆裕太后在 1912 年 2 月 12 日这一天连发的三道懿旨。其中的第一道为"宣布共和国体由"，后来被人们称为退位诏。此诏经南京临时参议院讨论后，由袁世凯转交清廷公布。另外的两道懿旨，一道是致全国军民的，又名"民政部等严密防范地面由"，说明退位是为人民、为国家着想，希望全国能继续保持安定；另一道致清朝宗室和满、蒙、回、藏族人民，题名为"优待条件尚为周至等由"，告诉他们皇帝之所以退位，原因之一是对清皇室和各族都各有优待条件，并且条件还可以接受，请他们理解，以"化除畛域，共保治安"。

还有一点与其他朝代不同，即以袁世凯名义发布的"政府令"。历史上，老皇帝退位后，新皇帝登基都要发布"登基诏"。"罪己诏""退位诏""登基诏"作为新旧政权交接的标志，往往作为一组文件保存。但是宣统帝退位后中国要实行共和，因此不能再有皇帝"登基"，同时，虽然诏书宣布"由袁世凯以全权组织临时共和政府"，但毕竟还未正式选举。这样，在既没有皇帝也没有总统的情况下，袁世凯便在第二天以"全权组织临时政府"的名义，发了三通"政府令"。一通致京外各衙门：大小文武官员在新官制未定以前，要照旧供职；一通致军警：继续执行旧军纪警章，全力维护社会秩序；一通致京内各部院衙门：原各部院正副大臣改称正副首领。

清帝的退位诏，与其他两道懿旨和 1912 年 2 月 3 日授权袁世凯与南京临时政府谈判的诏书合称《逊清四诏》，后被内阁中书张朝墉收藏。张殁后，由北京师范大学校长陈垣购得，1975 年被中国历史博物馆收藏，现保存在中国国家博物馆。在原件向全国公布之前，按照清朝档案管理制度，内阁大臣又将三道懿旨和第二天袁世凯颁发的政府令都作为最重要的上谕档案，全部抄录进《上谕档》，永久保存。这些《上谕档》现保存在中国第一历史档案馆。对照退位诏的原件和抄录件，除抄录件没有加盖印章和袁世凯签名被简写成"袁"外，其他内容无任何不同。需要特别注意的是，文后11位大臣的签名中，绍英、唐景崇、王士珍和沈家本的签名下均注有一"假"字，意指内阁会议当天四人请假。

## 二

在"退位诏书"中，清廷称："前因民军起事，各省响应，九夏沸腾，生灵涂炭，特命袁世凯遣员与民军代表讨论大局，议开国会，公决政体。两月以来，尚无确当办法。南北睽（kuí，不顺，乖离）隔，彼此相持，商辍于途，士露于野，徒以国体一日不决，故民生一日不安。今全国人民心理多倾向共和，南中各省既倡议于前，北方诸将亦主张于后，人心所向，天命可知，予亦何忍因一姓之尊荣，拂兆民之好恶。是用外观大势，内审舆情，特率皇帝将统治权公诸全国，定为共和立宪国体。近慰海内厌乱望治之心，远协古圣天下为公之义……"诏书内容文优言简，读之感到清廷通情达理，顾全大局，退位完全是为国为民。其实不然。和历朝皇帝退位诏书一样，其一，清帝退位诏书亦是出自大臣之手（系由张謇幕僚杨廷栋捉刀，张謇润色，袁世凯改定）；其二，内容虽冠冕堂皇，也只是说给天下人听的，退位实属万不得已之举。

清朝自1644年入关到宣统帝即位，已历10朝10帝。第一位皇帝福临即位时曾昭告天下，愿国祚永久，世世和天下臣民"共享泰宁"。但是，经过260多年的统治，到了溥仪这位第9代皇孙手里，社会已经发生了巨变，清朝已不是刚入关时的清朝，更不是盛世的清朝。究疾之源，清朝从乾隆中叶起，便一步步地走了下坡路：吏治和军队日益腐败，财政日趋紧张，各地农民起义接连不断。正在清朝统治江河日下之时，西方资本主义国家却迅猛发展。鸦片战争中英签订《南京条约》之后，中国逐渐丧失了独立自主地位，随后的中法战争、甲午中日战争、八国联军入侵，不论清朝是败还是胜，最后都以签订屈辱的条约而结束。其间清廷虽也曾想要振作图强，出现过洋务运动、戊戌变法、清末新政，但是既不能改变封建专制，也未能富国强兵。

清廷在长期执政中，不仅丧失了国土，亏空了财政，更丧失了民心。1894 年，孙中山在美国檀香山成立了中国第一个资产阶级革命团体——兴中会，资产阶级民主革命运动兴起。之后，全国要求实行立宪、速开国会的呼声越来越高，从宣统元年（1909）开始，各省谘议局相继成立。清廷虽不得已成立"责任内阁"，但只是一种姿态，成立的是一个地地道道的"皇族内阁"，这更引起社会的普遍不满和舆论谴责。不久，武昌起义爆发，辛亥革命之火迅速燃烧，各省纷纷宣告独立。在清帝退位之前，已有 17 个省宣布独立，占全国省份的 2/3，他们实际已经脱离了清朝统治。1911 年 12 月 4 日，南方各省共和联合大会召开，决定从速在南京组建临时中央政府，1912 年 1 月 1 日，孙中山就任临时大总统，民国政府诞生。

如果说光绪时期清朝政府还有个空架子，而到宣统继位时，连这个空架子也支撑不起来了。不仅内忧外患，财力枯竭，而且内无可用之良相，外无可御敌之将才。

一是没有强有力的军队。清朝入关，靠的是勇猛善战的八旗军，这支军队入关后逐渐丧失了战斗力。咸丰朝后靠镇压太平天国起家的湘军和淮军，在甲午之战中也未能抵御住日本的侵略，所以清朝末年便有了北洋新军。但这支新军用来镇压全国革命力量却远远不足，这也是袁世凯同意与临时政府和谈的主要原因。

二是没有可以信赖的将帅。最可指望的新军，军权掌握在袁世凯手里。武昌起义爆发后，清廷曾命满洲正白旗出身的陆军大臣荫昌率北洋军南下抵抗革命军，但荫昌对袁世凯一手操练起来的北洋军队根本指挥不动。商议再三，最后只好请载沣最不喜欢且已被罢免的袁世凯再度出山。这是清朝灭亡前最无奈的人事选择，军政大权拱手让给了袁世凯，是战是和，全由他说了算。这时的清廷，等于已经交了权，清朝灭亡，只在早晚间。

三是没有能支撑大局的良相，孤儿寡母的朝廷，内心没有主见。隆裕太后既没有孝庄太后的能力，也没有慈禧太后的手段，她是没有主见的太后；摄政王载沣则既不如辅佐顺治帝的多尔衮，也不如辅佐同治帝的奕䜣，他是一个软弱的摄政王；首揆总理内阁大臣庆亲王奕劻（kuāng）则既贪且庸，多年来与袁世凯一唱一和，看到岌岌可危的局势，不仅没有积极帮扶，反而在最危急关头接连提出辞职请求；最坚定的亲贵少壮派人物良弼，在清帝颁布退位诏书半个月前的1月26日，被革命党人炸毙，其他宗社党成员被吓破了胆，纷纷逃出京城，此后清廷里连个敢说硬话的人也没有了。

四是没有充裕的财政后援。多年的战争赔款，掏空了国库，尤其是甲午战争和八国联军侵华战争，使清朝财政遭到空前浩劫，仅庚子赔款总额就高达白银4.5亿两，不算利息，每年就需筹款2200余万两，占清朝财政总收入的1/4强。所以到清朝后期，清政府财政连年入不敷出，到辛亥革命爆发时，财政赤字已高达近7000万两。所以，当有人提出反对清帝退位时，袁世凯的亲信梁士诒强有力的反驳理由就是：军费不足开支一个月！

五是没有了外交上的支持。外国人支持清政府，只是为了能攫取更大利益，在看到清朝已经不保的情况下，就把扶植目标转到了袁世凯身上。住在东交民巷的外国公使团做出了"保障袁世凯的地位并给以便宜行事机会"的承诺。当袁透露出要与革命党和谈时，英国公使朱尔典立即出面为他搭桥。同时，为了给未来的共和国打开一条外交上的生路，孙中山在回国途中，也曾专门赴英与四国银行团会谈，磋商停止给清廷借款事宜。孙中山的活动，也促使了西方各国不再对清廷予以支持。

# 三

在清廷无力抗拒革命浪潮的情况下，袁世凯怀揣阴谋，运用军事压力和政治欺骗的两面手法，用革命党压清帝退位，又用清廷的存在迫使革命党让出中央政权。在得到孙中山"如果清帝退位，宣布共和，则临时政府决不食言，文即可正式宣布解职，以功以能，首推袁氏"的明确表示后，1912 年 1 月 16 日，袁世凯上奏隆裕太后，言称：为清室及满人计，当以清帝退位为上策。随后，又由他的心腹出面威胁清廷：现在退位尚有优待条件，再不退位连优待条件也没有了。

面对种种困难和压力，万般无奈之下，清廷于 2 月 1 日决定退位，2 月 4 日由袁世凯与革命党商讨退位优待条件，2 月 10 日，优待条件得到隆裕太后认可。其主要内容为：清帝仍保留皇帝尊号，仍暂住宫廷之内，日后移居颐和园，侍卫照常留用，民国每年拨给皇室费用 400 万元；皇室的私产，由民国特别保护；皇室的宗庙陵寝，永远奉祀。此外还规定，皇族的王公世爵照旧保留，并免服兵役。由此看，清帝退位，并非如诏书所说，全是为国为民，除出于无奈外，更多的是为自己。

1912 年 2 月 12 日，是清朝皇帝退位的日子。这一天，除隆裕太后代表宣统帝发了三道懿旨外，其最高办事机构——内阁，还以宣统帝名义批复了 20 件大臣奏折，下发了 9 道日常公务上谕。但是，这一天，只是清廷最后一天行使权力的日子。退位诏书的颁布，标志着清朝的覆亡，也标志着中国封建君主专制制度的终结。这一天，又是成千上万革命志士浴血奋战换来的日子，仅辛亥革命的领袖孙中山先生，就在海外流亡奋斗了 17 年。今天，当我们总结清朝兴亡的经验教训之时、纪念辛亥革命 100 周年之际，应该回味这一天，也应该认真解读一下清帝的这篇"退位诏书"。

## 作者简介

邹爱莲，女，1956 年生，山东人。国家档案局巡视员、研究馆员，国家清史编纂委员会委员。相关学术成果有《清代金榜——通向紫禁城之路》、《清代的文书档案》（合著）、《御笔诏令说清史》（合著）、《中葡关系档案史料汇编》、《清代中国与东南亚各国关系档案史料汇编》等，发表论文 40 余篇。

# 袁世凯：从出山到逼宫

侯宜杰

1911 年 10 月 10 日武昌起义爆发后，摄政王载沣闻报，立命陆军大臣荫昌督率军队前往镇压。14 日，又在内阁总理大臣奕劻和协理大臣那桐、徐世昌极力保荐与威胁下发布上谕，任命两年前被他罢官后定居在河南彰德（今安阳）的袁世凯为湖广总督，督办剿抚事宜。

## 一、出　山

接到上谕后，袁世凯并未立即复出。后来有徐世昌密赴彰德以及袁世凯提出出山六项条件之说，几乎成为史学界的"共识"。实则此说只是传闻，并无其事（详见侯宜杰《辛亥革命爆发后徐世昌是否密赴彰德会见袁世凯》，《近代史研究》2011 年第 3 期）。

10 月 14 日，内阁参议阮忠枢奉命抵达彰德，将上谕和奕劻的亲笔信交给袁世凯，传达了载沣要其迅速上任，不要介意罢官一事的意思。袁世凯认为这是他东山再起的好机会，于是没有犹豫，接受了任命。只因前往镇压湖北新军起义的各路援军极少，他赤手空拳，无力剿抚；对于荫昌带往前线的军队，他也仅有会同调遣之权，指挥起来有诸多不便，所以没有立即出山，而是写了八条要求，让阮忠枢回京面呈奕劻。内容大致讲无兵无饷，何能办事，拟调集万余续备、后备军人带往湖北，以备剿抚之用；请度支部先拨银三四百万两，作为军饷及各项急需；请军谘府、陆军部不可遥为牵制等。

19 日，袁世凯致电内阁，请求批准上述条件。20 日，他再次致电内阁，要求令其亲信王士珍等前来听用。22 日，湖南、陕西两省宣布独立，而清军在前线毫无进展。不得已之下，载沣批准了袁世凯的奏请，任命冯国璋统领前线第一军，段祺瑞统领第二军，均隶属于袁。27 日，朝廷召回荫昌，任命袁世凯为钦差大臣，予以节制调遣前往湖北赴援的各军之权。同一天，驻扎直隶滦州的第二十镇统制张绍曾等联名电奏清廷，提出速开国会、改定宪法等十二条要求。29 日，山西独立。次日，云南独立。

面对汹涌澎湃的起义浪潮，袁世凯于 30 日离开彰德南下。11 月 1 日，奕劻见袁已经出山，国事日非，自己无力承担，奏请辞职，其他国务大臣亦奏请辞职。载沣遂授袁世凯为内阁总理大臣。袁以不是国会公举，声称不敢奉命。8 日资政院开会，正式选举袁任此职。袁遂把前线军事交给冯国璋指挥，自己带卫队进京，于 16 日组成责任内阁。

## 二、和　谈

袁世凯东山再起，并不是为了革命。他痛恨载沣将其罢官，也不想为清朝卖命，唯一的目的就是先把军政大权抓到手，再打着维护清室的旗号打压南方革命力量，迫其就范；然后借革命力量威胁朝廷，逼它交出全部权力；最后取得全国政权，建立以自己为首的中央政府。

　　基于上述考虑，袁世凯对革命力量又打又拉。在被任命为钦差大臣的那一天，他就决定给起义军一点颜色看看，密令北洋军猛攻汉口，经过三天激战，将其占领。而后他三次命人与湖北军政府都督黎元洪联系，要求和谈。这时，同盟会的二号领袖、湖北战时总司令黄兴写信告诉他，只要他学习华盛顿，推翻清王朝，全国人民就会拥戴他为大总统。11 月 11 日，袁世凯正式派人带着他的亲笔信，与民军（当时清廷对革命军的称呼）议和。黎元洪等人驳斥了他的君主立宪主张，劝其赞成共和。袁世凯看到自己有当大总统的希望，甚为高兴，但革命党人拒绝和谈的强硬态度又使他怒不可遏，遂命冯国璋倾全力攻克汉阳。经过反复激战，北洋军终于占领汉阳。如果渡江强攻，武昌民军能否守得住，很成问题。但袁世凯的目的是压迫民军和谈，而不是荡平武昌，所以冯国璋几次请求乘胜进攻，他均未批准。

　　袁世凯到京后，取得了朝廷的军警大权，又以责任内阁的名义，奏请凡与立宪制度抵触的事项一律停止，所有政令政务都集中到内阁。载沣丧失了执政实权，被迫辞去徒有虚名的摄政王，退归藩邸，清廷只剩下隆裕太后和小皇帝溥仪孤儿寡母了。

　　11 月 30 日，独立的南方各省代表在汉口英租界举行联合会议，袁世凯又通过英国领事向会议提出和谈要求。代表们多认为袁力量强大，同他对抗，没有必胜的把握；如果他赞成共和，推翻清廷只在指顾之间，革命即可早日成功，减少流血牺牲，于是同意和谈，并于 12 月 2 日通过决议："如袁世凯反正，当公举为临时大总统。"

　　12 月 7 日，清廷授袁世凯为议和全权大臣，袁即委任唐绍仪为总代表，率团与南方的总代表伍廷芳进行和谈。20 日，伍廷芳提出，人心倾向共和，若非承认共和，别无议和之法。唐绍仪表示同意，并说袁世凯也赞成共和，只不过不好说出来。唐旋即提出召开国民大会、公决民主或君主的方案，袁世凯以事关清朝存亡、内阁不敢做主为名，奏请隆裕太后召集王公大臣开会讨论，王公大臣多数表示赞成。隆裕告知袁世凯，准唐绍仪所请，迅拟选举办法。

因唐绍仪与伍廷芳议定的召集国民会议办法对袁世凯不利，加以1912年1月1日孙中山在南京就任了中华民国临时政府的大总统，袁世凯感到受了革命党人欺骗，于是不承认所议办法，并准唐绍仪辞职。实际上，仍令他留在上海，私下与伍廷芳协商。

## 三、逼　宫

1912年1月14日，唐绍仪问伍廷芳，如果清帝退位，推举袁世凯为总统有多大把握。伍廷芳随即电告孙中山。孙中山复电说："如清帝退位，宣布共和，则临时政府决不食言，文即可正式宣布解职，以功以能，首推袁氏。"袁世凯得知能够当上总统，便放下心来，开始逼宫。

16日，袁世凯手捧与内阁大臣联衔的奏折来到养心殿，向隆裕及其身旁的溥仪讲了一通议和过程与形势万分危急的情况后，接着说：环球各国，不外君主、民主，民主如尧、舜禅让，民军也不想因改为民主，减少皇室尊荣。"读法兰西革命之史，如能早顺舆情，何至路易（指法国大革命时被处死的国王路易十六）之子孙靡有孑遗也。"我皇太后、皇上"必能俯鉴大势，以顺民心"。他说话时虽然痛哭流涕，但却暗含恫吓之意。隆裕默无一言，泪流不止。

袁世凯出宫后，行至东华门外，遭到革命党人炸弹袭击，随即称病不朝，把逼宫任务交给民政大臣赵秉钧、署理外务大臣胡惟德和署理邮传副大臣梁士诒等。

17日，隆裕太后召集宗室王公开御前会议，讨论是否实行共和。奕劻和贝子溥伦主张自行退位，颁布共和。隆裕一听，抱着溥仪呜呜大哭。由于多数人反对，会议开了两天，没有结果。赵秉钧等斥责王公亲贵议而不决，声称再如此下去，就辞职不干，说完扭头就走，吓得隆裕不知所措。袁世凯又用重金收买了隆裕最信任的太监小德张。小德张对隆裕说："若不答应民党的要求，则革命军队杀到北京，您的生命难保"；倘能让位，则有"优待条件"，"仍可安居宫闱，长享尊荣富贵，袁世凯一切可以担保。"隆裕本就优柔寡断，在袁世凯的内外夹攻之下，动摇起来。

22日，孙中山令伍廷芳转告袁世凯：清帝退位后，袁须宣布政见，绝对赞成共和主义，孙中山即行辞职，由参议院推举袁为临时大总统。袁世凯这才感到真正吃了一颗定心丸，但隆裕仍然坚持召开国民会议解决问题。于是，袁上折威胁说，采用这个办法，就不能保证清帝退位后皇室受到优待。而后他又密令段祺瑞等前线将领致电内阁代奏，指斥亲贵阻挠，请求明降谕旨，宣示立定共和政体。

26日晚上，宗社党头子、主战最力的良弼被革命党人炸断一条腿。反对退位的王公亲贵闻风丧胆。次日上朝后，隆裕掩面痛哭，泣不成声地说："梁士诒啊！赵秉钧啊！胡惟德啊！我母子二人性命，都在你三人手中，你们回去好好对袁世凯说，务要保全我们母子二人性命！"为求得袁世凯保护，隆裕马上封其为一等侯爵。袁世凯考虑，自己如果接受，就要效忠清王朝，逼宫戏就不能继续演下去了，于是上折力辞，但隆裕不准。如此接连四次，袁世凯没有办法，只好说待时局稍定，再行受封。

为促使隆裕早下决心，29日，袁世凯一方面令杨度等人组织共和促进会，宣言目前实行君主立宪已晚，应速实行共和；另一方面，上折催促隆裕迅速做出抉择，加紧刁难。隆裕见王公亲贵都不敢发表意见，自己实在无路可走，经过反复深思，觉得退位后享受优待条件，总比宗族覆亡的结局强得多，遂做出了皇帝退位、颁布共和的决定，于2月3日授袁世凯全权，与南方协商退位条件。

可是，隆裕并未决定何时退位。5日，袁世凯又密令段祺瑞以前敌将领名义致电内阁，指斥皇族败坏大局，阻挠共和，罪恶滔天，并声言将率全体将士入京，与王公剖陈利害。袁世凯让王公大臣看了电文，他们个个毛骨悚然，再也不敢说反对退位的话了。

几经协商，南北双方对退位条件达成了协议，隆裕认可。1912年2月12日早晨，胡惟德与赵秉钧、梁士诒等进了养心殿。隆裕止住哭泣，领着溥仪出来。按照事先规定的礼节，胡惟德等行了三鞠躬礼，隆裕点头还礼，在正中的宝座坐下，溥仪坐在旁边的椅子上。室内一片肃穆。

胡惟德上前一步说："总理大臣袁世凯身体欠安，未能亲自见驾，所以叫胡惟德带领各国务大臣来给太后和皇上请安。"隆裕已将事先写好的以宣统帝名义颁发的清帝退位、公布优待条件、劝谕臣民三道诏旨盖好大印，说道："袁世凯也受皇恩，把这样的局面应付到今天，为国家、为皇室都出了不少力。如今议和能使南方满意，做到优待皇室等等的条件，也是不容易的。我和皇上为了全国老百姓早一天得到安顿，国家早一天得到统一，过太平日子不打仗，所以我按照议和的条件把国家的大权交出来，交给袁世凯办共和政府。今天颁布诏书，实行退位，叫袁世凯早点出来，使天下早点安宁吧。"说完慢慢站了起来，把诏书递向胡惟德，又说："胡惟德，你把我的意思告诉袁世凯，这道诏书也交给他吧。"

胡惟德连忙走到隆裕座前，双手接过，并说了几句安慰的话："太后睿明鉴远，顾全皇室，顾全百姓，袁世凯和群臣、百姓岂有不知，绝不会辜负太后的一番慈衷善意。况且优待条件已经确定，今后必然做到五族共和，这个天下就是大家的太平天下了。敬祈太后保重，太后放心。"

隆裕面露凄楚，领着宣统帝退朝。至此，统治中国二百六十多年的清王朝覆亡了。


# 作者简介

侯宜杰，1938 年生，江苏沛县人。中国社会科学院近代史研究所研究员，著有《袁世凯传》《20 世纪初中国政治改革风潮——清末立宪运动史》等。

# 袁世凯与路易·波拿巴复辟帝制之比评

## 李尚英

一百年前爆发的辛亥革命，迫使清帝退位。四年之后，已经是民国大总统的袁世凯又倒行逆施，复辟（bì）了帝制。无独有偶，早于袁世凯复辟帝制半个多世纪的路易·波拿巴，在 19 世纪中叶改法兰西第二共和国为第二帝国，成为皇帝拿破仑三世。这两人的帝制复辟活动，可以对照着来剖析。

## 历史条件和复辟活动

袁世凯和路易·波拿巴两人复辟帝制的活动，是当时中法两国阶级斗争形势造成的。

辛亥革命爆发后，袁世凯一方面胁迫清帝退位，另一方面策划对革命党人的"和平"圈套，迫使孙中山将中华民国临时大总统职位让给自己。就任后，袁世凯走马灯似地多次更换内阁，使其牢牢地掌控在自己手中，同时又依靠前清军机大臣徐世昌为首的官僚集团，组织了为自己服务的特务警察系统。随后，袁世凯又将一些辛亥革命时期属于立宪派的资产阶级上层分子收于麾下，成为自己帝制复辟的吹鼓手。他还竭力削弱孙中山领导的国民党势力，派人暗杀了国会中的国民党领袖宋教仁，镇压了"二次革命"。所有这些，都使袁世凯的专制独裁权力达到了空前的集中。1913年10月6日，袁世凯不等制定正式的总统选举法，即匆忙派千余荷枪实弹的军警包围众议院，命令议员投票"选举"他为中华民国正式大总统。

袁世凯到此并未满足，在高唱维护民主共和口号的同时，他一方面抛出字字经他手定的《中华民国约法》，废除《临时约法》，把总统权力扩大到专制皇帝的程度；另一方面，他又自恃自己多年豢养的军阀、官僚可供驱使，国外又有帝国主义支持，做起了复辟帝制的美梦。经过一番准备后，袁世凯利令智昏，强迫各地"代表"投票推戴他为"中华帝国皇帝"。

再谈路易·波拿巴帝制复辟的历史条件和具体活动。1848年法国二月革命推翻了路易·菲利普七月王朝18年的统治，宣布成立临时政府，实行共和制，这就是法兰西第二共和国。此后，由于临时政府在一系列政策上倒行逆施，巴黎工人示威游行，提出要消灭人剥削人的制度，但很快失败。4月，制宪会议选举，资产阶级共和派获胜，从而篡夺了二月革命的胜利果实。11月，在正统王朝派（该派因拥护波旁王朝的正统性而得名，代表法国大土地贵族和高级教士的利益）和奥尔良派（1830年法国7月革命推翻波旁王朝后，该派拥立波旁王族旁支奥尔良公爵路易·菲利普为国王，代表金融资产阶级利益）的控制下，国民议会颁布宪法，规定总统拥有立法、行政、司法、任免官职以及解散国民自卫军的权力，并统率全国一切武装力量。在随后的总统选举中，作为大资产阶级推荐的候选人——拿破仑一世的侄儿路易·波拿巴，许下了适应资产阶级、小资产阶级、天主教徒和占法国选民大多数的农民等阶层愿望的诺言，赢得他们的支持，顺利当选为法兰西第二共和国总统。

对路易·波拿巴而言，当选总统只是其政治生涯的第一步。

他决心要铲除政敌，把拿破仑开创的帝制再次变成现实。为此，他首先任命奥尔良派巴洛为总理，组成秩序党（该党于 1848 年 6 月法国巴黎工人起义失败后成立，由正统王朝派和奥尔良派组成，其纲领宣称要维护资产阶级财产和秩序，反对社会主义运动）内阁。随后，他迫使制宪国民会议解散，让位于由秩序党控制的立法国民会议。接着又双管齐下，击溃小资产阶级民主派，解散"有共和主义嫌疑"的国民自卫军，使人们"看到复辟已经在法国大门外了"。同时又组织起"十二月十日会"，大力收罗无业游民，成为自己的打手和吹鼓手。1849 年 11 月，路易·波拿巴下令解散巴洛内阁，代之以自己亲信组成的唯命是从的"听差内阁"。次年 5 月，他颁布法律，"用尽一切办法把总统选举从人民手里转到国民会议手里"。1851 年初，他任命亲信为巴黎卫戍司令，并用从议会勒索来的巨款收买军官和士兵。12 月 1 日深夜，他调动军队占领巴黎各个重要据点，"像清除垃圾似的清除了议会"，逮捕秩序党及反对他的议员。随后两天，他又命令军队向"衣着阔绰的先生们开枪"。路易·波拿巴在这场斗争中取得完全胜利，为最后复辟帝制铺平了道路。1852 年 11 月，参议院通过恢复帝制的决议。12 月 2 日，法国由共和国改为帝国，路易·波拿巴顺理成章地成为皇帝。

## 对复辟结局的分析

路易·波拿巴和袁世凯都当上了皇帝，但结局却大相径庭：前者基本上坐稳了位置，而袁世凯却只当了 83 天，就在全国人民的愤怒声讨中灰溜溜地滚下了宝座。

袁世凯帝制复辟失败，是由 20 世纪初中国的社会形势和阶级状况决定的。概言之，袁世凯的帝制没有阶级基础。

首先，中国资产阶级革命派反对复辟。辛亥革命推翻清朝后，虽然政权落在袁世凯手中，但孙中山和革命党人建立民国的思想和卓有成效的活动，以及革命派与立宪派不妥协的斗争，都使民主共和观念深入人心，绝不是袁世凯一人能扫除掉的。孙中山领导的国民党，同袁世凯进行了一系列针锋相对的斗争，有力地阻止了帝制复辟活动的进行。还有一点须提及的是，此时由于中国无产阶级力量相当薄弱，民族资产阶级并不害怕无产阶级，决无必要联合帝制分子来对付无产阶级。

尤其值得一提的是蔡锷、唐继尧等人领导的护国运动。他们都曾受孙中山民主革命思想的熏陶，赞成共和。当复辟帝制的消息传到云南后，蔡、唐二人联络李烈钧等，宣布云南独立，并组成护国军向四川、贵州、广西进兵。他们振臂一呼，南方各省纷纷响应，反袁浪潮很快波及全国，对袁世凯的复辟活动是一个极大的打击。

其次，就立宪派而言，他们在辛亥革命后之所以支持袁世凯，主要是鉴于袁的势力大，希望能依靠他抵制革命，而并不是赞成袁世凯来复辟帝制。所以，当袁世凯"导演"复辟滑稽剧时，多数立宪派抛弃了他。

再次，就袁世凯的党羽而言，北洋政府内部的实力派出于自身利益考虑，多有着自己的"小算盘"。例如，曾为袁所倚重的徐世昌、黎元洪，看到帝制复辟不得人心，便迅速改变了态度。冯国璋、段祺瑞此时也与袁离心离德。袁当上总统后，害怕两人势力膨胀危及自己的权势，就对二人分别采取欺骗和打压政策。1915 年 6 月，冯曾问袁："外间传说，大总统欲改帝制，请预为秘示，以便在地方着手布置。"袁却信誓旦旦地表示绝无此事，此后两人又几次谈及此事，袁一再予以否认。后来冯终于得知了袁的称帝意图，气愤地斥责说，自己竭力保袁做大总统，不料袁却拿自己当外人，不说一句真心话，现在又要称帝，子孙世袭，如何伺候得了？他对袁称帝是不予支持的。袁世凯对段祺瑞也极力排斥，先以段有病为名，胁迫其称病请假，后又借机解除了段的亲信、陆军次长徐树铮的职务。1915 年 8 月，袁干脆下令免去段的陆军总长（参见侯宜杰《袁世凯传》）。

袁世凯的亲属也反对其称帝。他的弟弟、妹妹在帝制复辟前夕发表声明，与袁断绝关系。这说明袁世凯还未登上皇帝宝座，就已经成为孤家寡人了。

再说帝国主义国家的态度。日本等国原来都企图以支持袁世凯称帝来谋求更多的在华利益。后来，他们发现，一旦袁世凯称帝变成现实，势必引起中国内乱，反而会伤及自身利益。于是由日本牵头，联合英、俄、法、意，共同向袁提出警告，令其迅速悬崖勒马。这表明，复辟帝制也不会得到国际社会的承认。

更为重要的是，袁世凯失去了农民的支持。他上台后，不仅通令"迅速恢复"辛亥革命前被清廷免除或减轻了的捐税，而且又下令征收新的捐税。这样，全国各地工人、农民、会党和其他下层群众，以各种形式反对他的斗争此伏彼起，一浪接着一浪。其中，最为有名的就是白朗领导的河南农民反袁起义。虽然起义最后失败，但给袁世凯以沉重打击。

至于路易·波拿巴复辟成功的原因，正如恩格斯所指出的，其"胜利的全部秘密就在于，他是依靠同他的名字相联系的传统才得以在一个短时期内保持住法国社会中相互斗争的阶级之间的均势。"

法国无产阶级"任何反抗企图"的"完全被制止"，是复辟成功的一个重要原因。1848 年法国大革命中，无产阶级作为独立的政治力量登上了政治舞台。当年 6 月，巴黎无产阶级举行武装起义，提出成立"民主的社会的共和国"。然而，此时无产阶级尚处于自在阶段,加之法国当时工商业繁荣,生产力得到了进一步的发展,小资产阶级和资产阶级各阶层暂时达到了"团结一致",无产阶级又失去了占法国人口大多数的农民支持,因此在起义中处于孤立无援的地步,最后以失败告终。到路易·波拿巴政变时,统治法国三年半的资产阶级议会先后剥夺了无产阶级的选举权、集会权、自由出版权,所有工人都被从国民自卫军中清除出去,武器完全掌握在资产阶级手里。无产阶级的政治权利和武装"可以说根本没有了",他们的"任何反抗企图就完全被制止了"。

法国资产阶级各阶层的先后败阵,是复辟成功的一个主要原因。资产阶级共和派和中等资产阶级早就先后丧失了政治权利,只剩下了一个代表大资产阶级利益的秩序党实力尚存。组成秩序党的两个保皇派组织中,正统派拥戴波旁王朝,奥尔良派则希望七月王朝复辟。在这两个派别看来,"共和国"只是他们争斗时的一块挡箭牌。只要条件成熟,任何一派都会立刻搬掉它。秩序党掌权后,由于害怕人民的革命斗争,经常加强行政权力。但随着行政权的加强,路易·波拿巴的地位不断提高,实力不断加强。同时,这两派却为争权夺利展开无休止的争吵,"彼此使对方丧失威信",削弱了自身力量。以上因素合在一起,最终结果就如同中国古语所说:"螳螂捕蝉,黄雀在后",他们"把政权送给了以十二月十日会的头目(指路易·波拿巴)为首的流氓无产阶级",任听其摆布和进行复辟活动,从而也变成了路易·波拿巴的保皇派。

路易·波拿巴复辟之所以能够成功,还有一个重要原因,就是获得了农民的支持。早在19世纪初,拿破仑·波拿巴就在其制定的《拿破仑法典》中否认封建等级制度及特权,肯定法律面前人人平等,把小土地所有制用法律形式固定下来,从而使农民从封建压榨下解放出来。由此，农民成了拿破仑政权的主要支柱。这样，"历史传统在法国农民中间造成了一种迷信，以为一个名叫拿破仑的人将会把一切失去的福利送还他们。于是就出现了一个冒充这个人的人"，而"这个人"就历史地落在了拿破仑侄子路易·波拿巴的身上。他终于在法国农民（当然还包括资产阶级）的支持下当上了"法国人的皇帝"。

路易·波拿巴称帝后，其追随伯父拿破仑一世争夺欧洲霸权的野心逐渐暴露出来，并于1870年7月亲自率军向普鲁士宣战。这次侵略战争的非正义性，以及在战役指挥和装备方面的问题，使法军连连战败，他自己也于9月2日在色当战役中被俘。几天以后，在普鲁士进军和国内革命高潮来临的形势下，法国共和派宣布废黜皇帝，实行共和，成立了法兰西第三共和国。

袁世凯和路易·波拿巴的最后结局说明，新的社会制度代替旧的社会制度是历史发展的必然结果，这是不以人的意志为转移的客观规律。谁要违背这个规律，必将落得一个可悲的下场。

## 作者简介

李尚英，1942年生，辽宁人。中国社会科学院研究生院教授，学报编辑部原副主编、编审。主要著作有《清代政治与民间宗教》等。

# 武昌起义后各省独立的形式
# 及其对辛亥革命成败的影响

王　林

　　1911 年 10 月 10 日，武昌起义爆发，革命党人很快占领武汉三镇，在湖北建立了革命政权。在随后的两个月内，全国又有 14 个省市先后宣布独立，统治中国长达二百余年的清王朝瞬间土崩瓦解。这一突如其来的革命形势，加快了清朝的覆灭，也影响着其后政权的建设和辛亥革命的成败。

## 一、各省独立情形

　　最早响应武昌起义的省份是与湖北相邻的湖南。10 月 22 日晨 8 时，长沙新军起义。攻占巡抚衙门后，湖南军政府立即成立，各界代表公举革命党人焦达峰、陈作新为正副都督。31 日，立宪派勾结旧军官发动政变，杀死焦、陈二人，谘议局议长、立宪派首领谭延闿继任都督。

　　湖南起义的同一天，陕西也起义了。25 日，革命党人与会党首领联合组织军政府，同盟会会员、新军管带张凤翙（huì）担任大统领。

　　10 月 23 日，江西九江新军起义。31 日，南昌光复，各界公推新军协统吴介璋为都督，建立军政府。后几经周折，由革命党人李烈钧继任都督。

10月29日，在革命党人的领导下，山西新军起义，太原光复。各界公推同盟会会员、新军标统阎锡山为都督。

云南虽地处边陲，却是革命党人的重要活动地区。武昌起义后，倾向革命的新军协统蔡锷与革命党人李根源、唐继尧等多次谋划起义。10月30日，起义开始，11月1日，成立云南军政府，推举蔡锷为都督。

上海是革命派活动的中心地区。11月3日，起义爆发，次日光复上海。6日，沪军都督府成立，同盟会骨干陈其美任都督。

11月3日，贵州新军起义，次日成立贵州军政府，革命党人、新军教练杨荩诚被推为都督。后来内部矛盾激化，唐继尧率滇军入黔，推翻军政府，自任都督，控制贵州。

浙江是同盟会和光复会都很活跃的省份，革命基础较好。11月4日，革命党人率新军起义，次日成立浙江军政府，立宪派首领汤寿潜被推举为都督。

上海光复后，苏州新军起兵响应。江苏巡抚程德全接受立宪派与革命党人劝告，宣布反正。11月5日，江苏都督府成立，程德全任都督。12月2日，南京光复后，江苏都督府从苏州迁入。

11月7日，广西巡抚沈秉堃（kūn）与布政使王芝祥接受革命党人与立宪派的劝说，宣布独立，改抚院为军政府，沈秉堃任都督，王芝祥与广西提督陆荣廷为副都督。后来，陆荣廷势力膨胀，挤走沈、王二人，继任都督，控制广西。

11月8日，在立宪派人士的劝说下，安徽巡抚朱家宝在安庆宣布独立，自任都督。但此举遭到革命党人反对，11日，革命党人召集各界代表，重新宣布独立，推举同盟会会员王天培为都督。后来，革命党人孙毓筠出任都督，安徽局势才逐渐稳定。

11 月 8 日，福建革命党人发动起义，新军反正。11 日成立福建都督府，新军统制孙道仁任都督，同盟会会员彭寿松、郑祖荫等为参事员，协同都督掌握政权。

在革命力量的威慑下，两广总督张鸣岐被迫接受地方绅商和平独立的劝告。11 月 9 日，各界代表集会，决定宣布广东独立，成立军政府，推举胡汉民为都督。

四川的保路运动与保路同志军起义揭开了辛亥革命的序幕。11 月 27 日，署理总督赵尔丰宣告地方自治，成立四川军政府，以谘议局议长、立宪派首领蒲殿俊为都督。

除了湖北和上述 14 省市外，山东也曾于 11 月 13 日宣布独立，可 11 天后又宣布取消。其他地方虽也有反清起义，但未能取得独立。

从各省独立的情形来看，有以下几个特点：一、革命党人是起义的主要发动者和领导者。二、各省新军是起义的主力。三、大部分未遇到有力的抵抗，甚至一枪未放就成功独立。如此迅猛的胜利，使清政府措手不及，因转瞬间就失去半壁江山而惊恐万状，但同时也出乎革命派的意料，给此后的政权建设带来一系列问题。

## 二、独立后各省政权归属

判断一场革命的成败，既要看旧政权是否被推翻，更要看新政权掌握在谁手中。武昌起义后，各省宣布独立，这并不是革命的结束，而恰恰是革命的开始，革命的成败就取决于革命派能否掌控住政权。

在 15 个宣布独立的省市中，各派势力明争暗斗，十分激烈；政权的组成极为复杂，变动频繁。大体说来，其政权归属有四种类型：一是革命派控制政权，如湖北、上海、云南、福建、广东；二是革命派与立宪派联合掌权，如浙江、四川；三是由立宪派掌权，如湖南；四是由旧官僚掌权，如江苏。还有一些处于不断变动之中，如江西、贵州、广西、安徽等。总的来看，在独立初期，由于革命势头正盛，革命派略占上风，但立宪派和旧官僚的能量也很大，政权的归属随时都在发生变化，革命党人被杀、被逐时有发生，一些旧官僚或新军统领乘机控制政权。之所以会出现如此复杂的局面，大体有以下几方面原因：

一、革命派力量有限，无法单独控制政权。革命派为推翻清政府做了大量舆论宣传，发动多次武装起义，但军事和组织上的准备明显不足。作为各省起义主力的新军本是清政府训练的军队，其上层军官在军中早有威信，很容易掌权后把革命派抛在一边。在组织上，革命派更是一盘散沙，内部矛盾重重，主要骨干多不在起义现场。为了稳定局势，不得不请旧官僚或立宪派首领出来主持。湖北新军协统黎元洪就是被革命党人用枪逼着担任湖北军政府都督的。

二、立宪派往往是左右局势的关键力量。立宪派是在清末筹备立宪的背景下成长起来的新兴力量。他们一般是当地工商、教育界的头面人物，自身经济实力雄厚，社会影响广泛，控制着合法的议政机构——谘议局，与政府关系密切。在革命浪潮来临之际，他们为了自身利益，不得不参与进来，但总希望尽快稳定局面，因此很容易向旧势力妥协，变成革命的阻力。

三、旧官僚为了自保和投机，见风使舵。清朝地方官员本是维护清朝统治的重要力量，但他们早已预感到清朝的覆灭不可避免，在革命不可阻挡之际，他们接受劝告，宣布独立，由清朝的封疆大吏变成了新政权的参与者。由于他们在当地拥有丰富的政治资源，与立宪派关系密切，往往在新政权中占有重要位置。

革命派、立宪派和旧官僚三者之间有着错综复杂的关系，他们之间的合与离，既决定着各省起义的成功，也影响着独立后新政权的组成形式及革命的发展方向。

## 三、对辛亥革命成败的影响

各省独立后出现的多种政权形式是当时各种政治力量较量和妥协的结果，对革命的发展产生了重要影响。

第一，推动革命进程，加快清朝灭亡。武昌起义后，各省纷纷宣布独立，清朝统治迅速崩溃。这固然主要归功于革命党人的长期宣传、组织和发动，但立宪派的转向和旧官僚的反正也是各省顺利独立的重要因素。立宪派虽反对革命，但他们同样要求改变君主专制，希望通过立宪来参与政权，为资本主义发展开辟道路。由于拥有雄厚的经济实力和社会影响，立宪派的转向扩大了革命的阵营和力量，使清朝统治者彻底孤立。至于旧官僚，他们在革命到来之时，没有继续为清王朝效忠卖命，而是选择了反正、独立或逃亡。这种选择有自保和投机的成分，但也是明智的。反过来想一想，如果立宪派与旧官僚不顺应革命，甚至联合起来反对革命，武昌起义后全国的革命形势将会是另一番景象，辛亥革命的胜利要来得慢得多，艰难得多。从这一点出发，立宪派与旧官僚在瓦解清朝统治根基、加快清朝统治覆灭的过程中是有贡献的，他们在各省独立后的参政也有其历史合理性。

第二，各方妥协，导致革命不彻底。立宪派和旧官僚虽在革命浪潮的席卷下顺应了形势，但他们与革命派的分歧并未消失。立宪派更关注社会秩序的稳定，希望有一个实权人物来稳定局面，因此，当袁世凯以清帝退位为交换条件时，他们便逼革命派交权。旧官僚来自旧营垒，与旧势力的关系更加密切，其对权力的觊觎和政治投机，使他们更容易与袁世凯妥协，有些人最终沦为地方军阀。当立宪派和旧官僚联合起来支持袁世凯时，本来就飘摇不定的革命政权就更难以维持，最后不得不将政权让给袁世凯和地方实力派。

## 作者简介

  王林，1966 年生。历史学博士。山东师范大学历史与社会发展学院教授。主要研究中国近代思想文化史与社会史，著有《西学与变化——〈万国公报〉研究》《山东近代灾荒史》等。

# 秋瑾：壮志未酬的革命女侠

张晨怡

1907 年（光绪三十三年）7 月 15 日凌晨，绍兴轩亭口刑场，一代革命女侠秋瑾从容就义。作为一名壮志未酬的女性革命先驱者，秋瑾以她的牺牲进行了革命启蒙，辛亥革命后被誉为"祖国女界革命军中开幕之第一人物"，她短暂的一生也被赋予了悲壮和传奇的色彩。

一

秋瑾（约 1877—1907），别号竞雄，别署鉴湖女侠、汉侠女儿，祖籍浙江绍兴。自幼随兄于家塾读书，尤喜杜甫、辛弃疾诗词，后又从表兄学骑马、击剑，豪侠之气渐长，喜着男装。1896 年，奉父母之命嫁给湖南湘潭富豪子弟王廷钧。1902 年，王廷钧花钱捐得户部主事，秋瑾随其前往北京。当时正值八国联军入侵北京之后，残墙断壁的破败景象深深触动秋瑾的忧民忧国之心。在 1903 年写作的《满江红》中，秋瑾表达了建功立业的渴望：

小住京华，早又是、中秋佳节。

为篱下、黄花开遍，秋容如拭。

四面歌残终破楚，八年风味徒思浙。

　　苦将侬、强派作蛾眉，殊未屑！

　　身不得、男儿列，心却比、男儿烈。

　　算平生肝胆，因人常热。

　　俗子胸襟谁识我？英雄末路当磨折。

　　莽红尘、何处觅知音？青衫湿！

　　然而，王廷钧对秋瑾很不理解，他热衷名利，整日奔波于权贵之门，应酬于酒榭歌楼，两人关系渐趋恶化。秋瑾终于愤然离家出走。她说："人生在世，应当为国报效，扶助贫困，实现自己的抱负，怎么可以伴随柴米油盐等琐屑之事度过一生呢？"

　　1904 年 6 月，秋瑾只身前往日本留学，临行前，特作《鹧鸪天》一首以言志：

　　祖国沉沦感不禁，闲来海外觅知音。

　　金瓯已缺总须补，为国牺牲敢惜身。

　　嗟险阻，叹飘零，关山万里作雄行。

　　休言女子非英物，夜夜龙泉壁上鸣！

# 二

　　在日本期间，秋瑾结识了光复会领袖陶成章，从此走上了革命救国的道路。

　　1905 年，秋瑾回国筹集革命经费，到上海拜谒了光复会会长蔡元培，后经徐锡麟介绍入会。7 月再赴日本，途经黄海，写下"拼将十万头颅血，须把乾坤力挽回"的著名诗句，一时为众多革命志士所传诵。

　　1906 年，秋瑾回国积极联系浙江各地的会党组织，为发动起义做准备。次年 5 月，秋瑾召集浙江各地会党首领成立光复军，推举徐锡麟为首，她任协领，一起商议起义事宜。其时，徐锡麟通过关系找到庆亲王奕劻的女婿、时任安徽巡抚的恩铭，并在其帮助下被任命为巡警学堂警察会办。不久，恩铭又授给他陆军学校监督一职。在获得了恩铭的信任以后，徐锡麟即与秋瑾定下"皖浙同时起义"的盟约。

1907年7月6日清晨，徐锡麟寻机将恩铭击毙，并率百余人占领了军械所，随后被前来镇压的清军包围，终因力量悬殊，激战四小时后被俘。当天深夜，徐锡麟被剖腹挖心，英勇捐躯。举义失败的消息直至7月9日才传到秋瑾那里。其时，她已将浙江起义的日期推迟到7月19日，在获悉安庆起义失败后，仍计划按照约定日期举兵。但此时清廷早已开始四处搜捕革命党。7月13日下午，清军包围了大通学堂，秋瑾率领未撤走的学员奋力抵抗，但寡不敌众，不幸被捕。她苦心经营的光复军起义，就这样尚未正式发动便被镇压了。

据秋瑾弟弟秋宗章回忆，山阴（绍兴时分山阴、会稽两县）县令李钟岳率军包围大通学堂时，李钟岳曾在门外向士兵大呼"但加逮捕，弗许伤害"。秋瑾被捕后，先是押在山阴狱中，绍兴知府贵福要李钟岳严刑拷问，但是，直到第二天，李钟岳仍不肯刑讯逼供，只是让秋瑾写供词，于是留下了传世的"秋风秋雨愁煞人"这七字绝命诗。

贵福怀疑李钟岳有意偏袒秋瑾，在得到浙江巡抚张曾敭（yáng）同意"将秋瑾先行正法"的复电后，立即召见李钟岳，令他马上执行。李钟岳先以"供、证两无，安能杀人"为理由拒绝行刑，最终却不得不执行命令。

时已子夜，李钟岳提审秋瑾，告诉她"事已至此，余位卑言轻，愧无力成全，然汝死非我意，幸亮（通谅）之也"。说完，他当场"泪随声堕"，身边的吏役也都"相顾恻然"。7月15日凌晨，秋瑾慷慨就义。据当时《时报》报道，行刑队伍"行至轩亭口，秋瑾不作一声，惟注视两旁诸人一周，即俯首就刑。观者如堵"。

## 三

秋瑾被害之后，各地民间媒体开始连续不断地追踪报道，将秋瑾死事的每一细节公诸报端，掀起全国各地声讨凶手的浪潮。浙江巡抚张曾敭只好称病乞退，后被调任江苏巡抚，但这引发了江苏绅学各界颇具声势的拒张运动。他尚未履任，又被改派山西，不久以病免职。绍兴知府贵福的处境和张曾敭大同小异，他眼见同情秋瑾、痛骂凶手的风潮日起，入民国后只好易名而存世，终生难以解脱。而山阴县令李钟岳每天受到良心的谴责，经过两次自杀未遂后，在秋瑾死难三个月后，终于自缢身亡。

舆论的声讨，让本来希望通过秋瑾一案获得朝廷赏识的张曾敭等人美梦落空，反而遭到铺天盖地的责骂。而此后案件主要办理人的仕途几乎无一不受到影响，也反映了清末社会舆论对现实政治的不可忽视的牵制力量。

更为重要的是，秋瑾的遇害激起了革命者更加高昂的反清斗志。"不惜千金买宝刀，貂裘换酒也堪豪。一腔热血勤珍重，洒去犹能化碧涛。"在日本留学期间，秋瑾就写下了《对酒》这样豪放的诗句，表达自己以生命换取革命胜利的决心。而在她就义之后，各地民众对她的怀念与歌颂，最终演变成辛亥革命爆发的急风暴雨。从这个意义上说，秋瑾以她孤独的革命先驱者的失败，成功地进行了革命的启蒙。

秋瑾牺牲一年之后，她的绍兴老乡，同为留日学生的鲁迅在东京加入了光复会。日后，在《坟·杂忆》中，鲁迅回忆了这个时期，写道："革命思潮正盛，凡有叫喊复仇和反抗的，便容易惹起感应"，还有一部分人，"则改名'扑满'、'打清'之类，算是英雄。这些大号，自然和实际的革命不甚相关，但也可见那时对于光复的渴望之心，是怎样的旺盛。"在短篇小说《药》中，秋瑾被写成了隐含的主人公，只不过名字变成了夏瑜。小说中，一位名叫夏瑜的反清革命者被处以死刑，小店主华老栓为给儿子小栓治病，从刽子手那里买了蘸有烈士鲜血的馒头。显然，在鲁迅的内心深处，永远藏有对这些革命先驱的怀念。

烈士遗骨几经迁葬，直到辛亥革命胜利后才得安息。1913年，经湘浙两省人士商议，决定尊重烈士"埋骨西泠"的遗愿，将秋瑾遗骨由湖南还葬西湖西泠桥畔，与岳飞、于谦、张煌言等民族英雄以及秋瑾的革命战友陶成章、徐锡麟并峙湖山，孙中山特题赠"巾帼英雄"挽幛。

斯人已逝，精神长存。一代英魂从此与青山碧水同在。百年之后，革命女侠秋瑾的英勇与传奇事迹，仍然为人所传颂。

## 作者简介

张晨怡，女，1976年生，浙江绍兴人。中央民族大学历史文化学院副教授、硕士生导师。著有《罗泽南理学思想研究》《清咸同年间湖湘理学群体研究》《1912：帝国的终结》，发表论文30余篇。

# 辛亥革命中的滦州兵谏

唐 博

1911 年武昌起义爆发后不久，华北地区发生了新军将领以武力逼迫清廷实行"立宪"并策划进占北京的事件，史称"滦州兵谏"。在辛亥革命的特殊历史背景下，这一事件震动了沉寂的北方政局，引起高度关注。

## 一、动机和准备

同盟会成立之初，孙中山先生就提出"首都革命"的战略："北京是中国首都，如能攻占，那么登高一呼，万方响应，是为上策。"（程潜：《辛亥革命前后回忆片断》）在这一思想指导下，除在两广多次发动武装起义外，革命党人纷纷潜入东北、华北，建立支部，发展会员，并向新军渗透。其中，同盟会辽东支部负责人张绍曾、吴禄贞、蓝天蔚三人志趣相投，过从甚密，同系日本陆军士官学校毕业，分别担任北洋军第二十镇统制（相当于师长）、第六镇统制、第二混成协协统（相当于旅长），人称"士官三杰"（冯玉祥：《我的生活》）。

1911 年 4 月，清廷决定于 10 月在直隶永平府（今河北省卢龙县）举行大规模军事演习——"永平秋操"。张绍曾和吴禄贞所部也被抽调参加。参演部队分东西两军，东军由以汉人为主的新军组成，西军则以满人禁卫军为主。演习要求西军获胜，这令兵力和战力都强于对方的东军十分不满。在南方"反满"革命风起云涌的当口，这个"满人压倒汉人"的要求，给张绍曾等人提供了举旗反清的契机。经过密议，张绍曾、吴禄贞和蓝天蔚商定，"利用参加秋操之便，暗中私带子弹，相机起义"（鹿钟麟：《滦州起义的前前后后》）。他们计划先将参演的禁卫军缴械，而后"进军北京，推翻清廷"。或许因吴禄贞平时宣传革命而招致了猜忌，就在三人紧锣密鼓调整布防之际，清廷突然下令，不让吴参加秋操。10月9日，张绍曾所部第二十镇官兵离开奉天新民府（今辽宁省新民市），开赴直隶滦州（今河北省滦县）参加会操。次日，张绍曾的指挥部抵达距滦州60里的昌黎县崔庄。就在这一天，震惊中外的武昌起义爆发了。

## 二、"十二条政纲"

为了镇压起义，清廷慌忙下令停止秋操，滦州附近集结的新军一律撤回原驻地待命。张绍曾没有照办，而是加速进驻滦州，观察事态发展。两天以后，他又接到电令，清廷调他下辖的第四十协参加镇压武昌起义的南下大军。

面对这一变故，张绍曾迅即做出反应。13日，他急赴奉天，约请卢永祥（第三镇护理统制）、蓝天蔚以及两个协统伍祥桢、潘榘（jǔ）楹等将领开会，商议下一步行动。张绍曾表示："湖北之变，为除专制，主共和，以此倡议号召天下，凡属同胞，谅皆赞助。今吾辈所统各部队，半属北人，虽未予约同盟，应皆晓然斯义，倘贸然而往，胜则自残同类，负则死无指名。"他希望与会将领齐心协力，揭竿暴动，声援武昌。然而，卢、伍、潘三人并非革命党，对其主张不以为然。蓝天蔚也觉得，如果马上攻打北京，"恐急则生变，事无成功，不如因势利导，以俟时机"（张国淦编：《辛亥革命史料》）。张绍曾顿陷孤立，会议不欢而散。

当时清廷在京津部署了第一镇、禁卫军和直隶混成协，还有第二、三、六镇所辖各一个协，以及巡防营和练军，不仅兵力雄厚，而且思想保守，难以分化。而吴禄贞的第六镇已有一个协南下湖北，另一协则指挥不灵。张绍曾的第二十镇和蓝天蔚的第二混成协，虽然深受革命影响，但派系众多，难成合力。如第二十镇内部一些加入革命党的中下级官兵，以冯玉祥、王金铭、施从云为代表，主张立即进攻北京，推翻清朝；而部分高级军官则主张南下进攻武昌，消灭革命军；还有些官兵持观望态度。

考虑到敌众我寡和各镇意见不一、内部派系林立的现实，张绍曾决定将行动改为两步：一是"向清室陈述国是意见"；二是如果清廷拒不接受，则发动起义，将其推翻。此"国是意见"，由第二十镇秘书长、革命党人吕均执笔，概括为"十二条政纲"。其总原则是"皇位之统系宜定，人民之权力宜尊，军队之作用宜明，国会之权力宜大，内阁之责任宜专，残暴之苛政宜除，种族之界限宜泯，而归本于改定宪法，以英国之君主宪章为准"。主要有四个方面：

——关于皇帝。"政纲"规定"大清皇帝万世一系"，但只"临朝不理政"，没有实权。

——关于国会。"政纲"规定国会拥有修宪、调兵、议决赋税和外交、选举政府首脑等四项权力。

——关于责任内阁。"政纲"规定"内阁总理大臣由国会公举，由皇帝敕任"；"国务大臣由内阁总理推任，但皇族永远不得充任内阁总理及国务大臣"。这就明确要求解散皇族内阁。

——关于公民权利。"政纲"要求推行法治，保障民权，释放政治犯，提高军人地位："格杀勿论"和"就地正法"，"不得以命令行使"；"对于一般人民，不得违法随意逮捕监禁"，"要按有关法律、程序对待"，"国民有选举议员之权"；"关于国事犯之党人，一律特赦擢用"；"关于现时规定宪法、国会选举法及解决国家一切重要问题，军人有参与之权"。（杜春和编：《辛亥滦州兵谏函电选》）

"十二条政纲"是一部宪章性文件，尽管并不完备，但勾勒出在中国实行英国式君主立宪政治的蓝图和框架，彻底否定了清廷此前所颁推崇皇权永固的《钦定宪法大纲》。该纲领是在北方特殊政治环境中各方妥协的产物，最大限度地避免了过多树敌，减少了革命阻力。

# 三、功亏一篑

随"十二条政纲"一同摆在监国摄政王载沣案头的，还有一份奏折，在抨击清廷"政治之无条理及立宪之假筹备"的同时，强调革命者不畏杀戮，要求清廷对政纲"主决可否"限期答复。经过激烈争论，已经焦头烂额的清廷被迫决定采纳少壮派贵族载涛、良弼的意见，派吴禄贞等前往滦州"宣慰"。此举有两个目的：一是将吴调离第六镇，削夺其兵权；二是了解滦州虚实，拉拢张绍曾。

此时吴禄贞"在京活动甚力"，"人人都倾向吴，希图其响应武昌起义，吴亦以此为任"。他设计了两套方案，一是与张绍曾各率所部夹击北京；二是两部会师北京，打出维护清室、革新政治的旗号。考虑到敌众我寡的力量对比，以及"北方民气，不如南方，此方号召，彼方未必响应"的政治现实，他倾向于第二套，认为："袁世凯素为北京亲贵所敌视，我们会师北京，拥护清室，铲除袁世凯，此项计划，肃（亲王善耆）、（载）泽、良（弼）等都已谅解，他们认我们为友军，不会冲突。到北京后我们拿到中央政权，挟天子以令诸侯，先解决了袁，对于汉口军队，酌量调拨，分化一部分旧势力，再进一步完成我们最终目的。"显然，"维护清室，革新政治"只是暂时策略，"推翻清朝，创造民国"才是最终目的。

10月29日，吴禄贞抵达滦州，马上与张绍曾等秘密会商。此时，同行来滦的军咨府第三厅厅长陈其采突然失踪。虽为革命党人陈其美的胞弟，又是张、吴二人在日本士官学校的同学，但陈其采反对革命，忠于清廷。张绍曾等担心其回京告密，于是加快了起义筹备。也是在这一天，新军将领阎锡山发动起义，山西独立。清廷被迫抽调吴禄贞第六镇下辖第十二协前往石家庄防堵。

离开滦州，吴禄贞先回北京，向清廷宣扬张绍曾的忠君爱国，而后前往石家庄联络山西起义军。张绍曾也一面加紧调整部署，一面设法与武昌军政府取得联系。

11月1日，根据革命党人彭家珍提供的情报，张绍曾在滦州扣押了从西伯利亚开往湖北前线的军火列车，车内装有步枪5000支、子弹500万发。清廷闻此更加恐慌，载沣不得不下诏罪己，宣布解散皇族内阁，特赦政治犯，拟定并颁布《宪法重大信条十九条》（简称"十九信条"），接受了"十二条政纲"的大多数条款，皇权在形式上缩小，国会和内阁的权力相对扩大。至此，滦州兵谏取得了实质性的成果。

然而，就在"十九信条"颁布前夕，袁世凯受命组织新一届责任内阁，全面掌控清朝军政大权，并在京津和湖北增兵。这一现实令革命党感到，"十九信条"的基础非常脆弱，必须靠武力夯实。11月5日，第二十镇降下黄龙旗，升起白底加一道红线的新旗，正式改称"立宪军"，以用武力推动立宪为宗旨。但多数中下级官兵都清楚，"立宪"只是"面具"，推翻清朝才是真正目的。

11月4日，清廷委任吴禄贞署理山西巡抚，以示拉拢。吴深知这是清廷离间其与阎锡山关系的诡计，不为所动。两天后，他赶赴娘子关，与山西起义军会商攻打北京的具体事宜。会上宣布成立燕晋联军，推举吴禄贞为大都督，阎锡山和张绍曾为副都督。会后，吴禄贞与张绍曾通电相约，并集合所部中层以上军官开会宣布：7日全军同时行动，进军北京。

然而，吴禄贞的计划损害了袁世凯攫取清廷军政大权的根本利益。袁遂决定"派人暗杀他"（孔庚：《先烈吴禄贞石家庄殉难记》），重金收买了吴亲手栽培的卫队长马步周。7日凌晨，吴禄贞死在马步周枪下。他的遇害，导致南北夹击北京的计划彻底落空。

当日，清廷下令解除张绍曾兵权，调其到南方"劝导"革命党人停战。张绍曾深感孤掌难鸣，心灰意冷，决定离开部队，只身南下。两天后，蓝天蔚在奉天起事未成，只得出走。至此，滦州兵谏以失败告终。

张绍曾走了，但第二十镇的革命党人没有放弃。1912年1月2日，王金铭、施从云等人策动"滦州起义"，进军天津。这是一场以卵击石的较量。起义军途遇北洋军优势兵力围堵，血战一昼夜，全军覆没。张绍曾获悉消息，顿足捶胸，仰天长叹。

对于滦州兵谏的性质，学界长期存在争议。无论从动机还是过程，滦州兵谏无疑是"假立宪之名，行革命之实"，理应成为辛亥革命的重要组成部分。能够在政治环境恶劣的北方掀起一波浪潮，迫使清廷改弦更张，颁布"十九信条"，废除皇族内阁，这本身就弥足珍贵。兵谏中提出的"十二条政纲",应与《临时约法》一起,作为辛亥革命的重要文献载入史册。

## 作者简介

唐博,1981 年生于郑州。历史学博士。中共中央台办(国务院台办)秘书局主任科员。在康乾盛世、甲午战争、黄河水利史和近现代城市住房保障等领域有一定研究。出版专著 7 部,发表学术论文、译文及各种作品 60 余篇。

# 清政府的军械外购与辛亥革命

## 滕德永

在 18 世纪，欧洲强国使用的武器已逐步从冷兵器为主向热兵器为主过渡，但清廷仍然迷醉于"天朝上国"的意念之中，乾隆年间制定的《钦定军器则例》对清军武器制式做出具体规定，要求不得随意变更。此后，清军装备一直没有大的变化，逐渐落伍。在与列强的战争中，清政府逐渐认识到西方的"船坚炮利"，由此走上了购买外洋军械的道路，直至清朝灭亡。

## 一、辛亥革命前军械外购情况

军械外购是清政府为实现军事自强而采取的一项措施，随着对外国军械需求的不断增加，对其认识也不断深化。按照所购武器的规模和类别，军械外购可分三个阶段：

从第一次鸦片战争到同治末年是第一阶段。这一时期，军械外购首先由地方督抚自发进行，逐步为清政府所接受。1840 年鸦片战争期间，林则徐就曾购买了一些外国军械，但由于英国施行军火禁运及缺乏专业的军械人才，其成效非常有限。十余年后，为镇压太平天国运动，清军购买了大量西方军械，尤以李鸿章的淮军为著，到 1863 年 9 月，约 5 万人的淮军已装备洋枪 1.6—1.7

万杆，平均每三人就有 1 杆，其比率远远高于当时的湘军。由此，淮军迅速成长、壮大，进而成为清政府所依赖的重要军事力量。同时，一些较为开明的官员已经认识到西方军械的先进性，意识到在列强环伺的时代必须建立一支可以依赖的军事力量。于是，清政府将练兵提上日程，外国军械购买量不断增加。

从 1875 年到 1894 年，是军械外购的第二阶段。这一时期，清政府大力建设海防，编练海军，开始大量修建炮台并购买新式军舰，期间共向外国订购各种舰船 62 艘。同时，清政府也引进了大批新式军械加强陆军建设，进口枪械达到三、四十种，如后膛枪就有法制夏什普，英制马梯尼、士乃得，德制毛瑟，美制林明敦等。中法战争前后，后装连发枪和格林、诺登飞等多管枪开始输入中国。甲午战争后，又引进马克沁、哈乞开斯等重机枪。清政府还大量进口火炮，尤其对德国克虏伯炮非常青睐。到 1884 年，淮军装备的以克虏伯为主的后膛钢炮已经达到 370 尊。

甲午战争后直至清王朝灭亡，是军械外购的第三阶段。这一时期，为编练张之洞的自强军、袁世凯的新建陆军（北洋军的前身）等新军，对新式军械的需求大幅增长，而国内军工企业又不能满足需要，军械外购由此达到了顶峰。此间，清政府虽一直力求发挥本国兵工厂的作用，但效果不理想。1903 年 3 月，张之洞与袁世凯就变法问题上奏清廷，指出："中国从前军营所用火枪，种类纷杂，最为大病。不独一省之中，此军与彼军异器，甚至一军之中，此营与彼营亦复异器，以致药弹不能通用，一种弹缺，即一种枪废。"他们认为，要统一火器制式，必须对江南机器制造总局进行改革，停造式样陈旧的枪弹、炮弹，除小口径毛瑟枪以外的枪支，也应全部停造。同时，张之洞还提议各省统一购买国产枪械，"各省督抚及统兵大员，以后需用快枪，均向江鄂两厂（指江南机器制造总局和湖北枪炮厂，后者 1904 年改名湖北兵工厂，1908 年改名汉阳兵工厂）备价购取，不得再向外洋采办杂枪，用昭划一"（中国史学会主编：《洋务运动》）。但他高估了两厂的生产能力与水平。袁世凯曾经购置了一批湖北所产枪炮，但其"考究未精，尚欠坚利"，袁便以新军"实为自强之基，营制操法均归一律，其器械自未便稍涉迁就，致误事机"为由，主张"购备军火，实为刻不容缓之图。"各地也面临同样问题，于是对外国军火的需求居高不下。据不完全统计，从 1903年至 1911 年底，清政府输入的外国军械价值白银 1780 余万两，平均每年输入的军火价值高达近 200 万两。为购买外国军械，清政府百般筹措经费，其中仅外债一项即多达 1170 余万两（许毅：《清代外债史论》）。

辛亥革命前夕，同盟会利用会党发动的一系列起义先后失败后，开始把工作重点转移到新军方面。革命力量在新军中逐步成长，为辛亥革命的最终爆发创造了条件。这其中，外购军械为起义的新军提供了重要的武器装备条件。

## 二、军械外购与辛亥革命进程

军械外购对辛亥革命的进程产生了重要影响。革命爆发后，很快得到了各地响应，仅仅一个多月，全国已有十几个省宣布独立。看似形势大好，实则暗流涌动。在独立省份中，安徽、广西、江苏是由各省巡抚宣布独立，改称都督，仍由原班人员执政。此外，立宪派与旧官僚采用不同方式进行夺权，先后取得湖北、湖南、浙江、贵州等多省军政府的权力。

这种局面的出现与军械外购有一定关系。清代中前期，清军兵器主要由工部和各地供应。其后工部作用日益减弱，曾国藩、李鸿章和左宗棠等地方势力的崛起，改变了清代长期以来所形成的军队属于国家的制度，出现了"兵为将有"的局面。这些将领关心军队的装备情况，乐于改善装备以提高其战斗力，所以大力外购军械。通过军械采购，地方督抚在加强所辖军队实力的同时，还为自己的政治前途增添了砝码。作为这一活动的受益者，他们努力维持现状。新政期间，清政府本来要统一管理外购军械，以加强对地方军队的控制，结果各地督抚纷纷采取各种方式抵制，这一计划最终归于失败。地方督抚继续控制地方军队，这便导致了辛亥革命期间各地独立局面的形成。虽然这其中也有革命形势的影响，但一些省份的军政府权力先后为非革命势力夺取的事实说明：这些势力仍然掌握着强大的军事力量。由此可以看出，辛亥革命的前景不容乐观。

军械外购虽然在各省迅速独立方面有利于革命，但同样装备外购军械的清军也对革命造成了很大阻挠作用。辛亥革命爆发后一个月内，陆军部订购了大量外国军械，仅第二批应付款项即超过 310 万两（中国第一历史档案馆：《兵部陆军部档案全宗》），这几乎与清政府 1910 年所购外国军械价值总额相当，比 1908 和 1909 两年的输入总额还要多 30 余万两。另外，清军拥有的外国军械质量总体上优于革命军。当时清政府聘用的海关工作人员——一些外国人——对此深有感触，"从大炮、军火以及训练来说，清军都占优势"，"革命军的炮弹质量不好"（中国近代经济史资料：《中国海关与辛亥革命》）。

清政府将大量外国军械装备给北洋军，加强其战斗力，这对革命形势产生很大影响。义和团运动后，慈禧太后非常重视京畿防卫，大力支持袁世凯编练新军。1902 年 2 月，户部专门拨给他 100 万两白银练兵。1906 年，清政府军费共计 3500 万两，除 500 万用于海军外，其余陆军军费中用于北洋六镇及各学堂的约占四分之一（李宗一：《袁世凯传》）。这些银两很大一部分被用来购买外国军械。辛亥革命爆发前夕，因北洋一、二、四、六各镇枪械制式陈旧及多有损坏，清政府还向德国订购了价值近180万两白银的军火。其后，北洋军被清政府派往前线，镇压革命。而袁世凯也利用所掌控的军事力量，最终窃取了革命果实。

## 三、列强军火禁运与辛亥革命

辛亥革命的爆发，极大地增加了清政府外购军械的需求。由于革命军先后占领了广州、上海等军械输入地，外购活动受到很大限制。由此，清政府输入军火的港口开始北移。大连和秦皇岛成为除天津外清政府最为重要的军械输入港，1911年两地输入的军械价值总额达到了83万余两白银，是当年输入天津军械总价的1/2强，约占当年全国输入军械总额的30%。

面对声势浩大的革命运动，各国列强宣布"中立"，并对交战双方进行军火禁运。不过，列强暗中仍将大量军械输送给清政府。其中，德国对清政府抱有很大幻想，"危机一开始就倾向相信政府与王朝可轻易战胜革命运动"（陈春华：《俄国外交文书选译：有关中国部分1911.5—1912.5》），仅1911年就向清政府输送了价值143万余两白银的军械。当然，这并不是德国提供的全部军械，辛亥革命期间清政府曾大量向其订购，但有些军械到清王朝灭亡时还未及交付。其他列强自己也在进行着同样的勾当。日本政府认为其君主立宪政体对中国最合适，期望清政府的政治改革能够成功，而不希望革命军获胜。因此，也向清军出售了价值约110余万两的军械。不过，"那里（指南方）的日本人同革命党人的意见颇为一致"，他们积极鼓动日本政府向革命军提供军械（《日本外交文书选译：关于辛亥革命》）。

还有一些外国人支持革命，对本国政策强烈不满，要求对清政府施行军火禁运。1911 年 11 月 14 日，江汉关税务司苏古敦（A. H. Sugden）致函总税务司安格联（F. A. Aglen），批评列强的片面中立政策，"所谓中立，只是千方百计掩护清军，任令他们侮辱我们，给我们不便，而不提出异议；革命党对我们非常好，但是还是向他们要求优待。……这种所谓中立，只能引起排外情绪，使革命党来反对我们。……在中国历史上的这个紧要关头，这些想夺取中国政权的人，行为很公正，而外国人竟然用这样不高明的阴谋诡计来对付，这件事令人感到可耻。"这些外国人虽不能从根本上改变本国政府的态度，但可以利用自己的职务之便为革命军获取军械提供帮助。对于此事，他们这样向本国政府汇报："要我防止事实上的军政府取得自用的军械那是很困难的，实际上是做不到的。在浦东或者公共租界下游起卸军械，军政府是完全可以控制的。"尽管革命军占领了上海，但是海关仍为列强所控制，这种解释缺乏可信度，因此，他们进一步解释道："我们尽力守住了我们的门，但是除了乘轮船之外，仅广州还有其他的门路。我认为禁止进口的军械很少由轮船运进来，因为既然还有许多敞开的门户几乎无人把守，为什么一定要从这个把守的最严的门进来呢？"

尽管列强在中立政策的掩饰下，仍将大量军械源源不断地运给清军，但这并不能帮助已完全丧失人心的清政府渡过难关，摇摇欲坠的清王朝很快就灭亡了。

# 作者简介

滕德永，1979 年生。历史学博士。故宫博物院宫廷部馆员，主要从事清代宫廷史及晚清政治思想史研究。

# 辛亥革命时期的早期中国共产党人

## 刘世华

辛亥革命激发了中华民族意识的大觉醒，这一觉醒释放出的能量，把自鸦片战争以来的民族、民主运动推向高潮，在中国掀起一场真正意义上的资产阶级革命。它不仅塑造了一代人，而且启迪了一代人，早期中国共产党人就是其中的杰出代表。他们在思想上受到辛亥革命的深刻影响，有些人还亲历其中。探讨早期中国共产党人与辛亥革命的关系，不仅能够说明辛亥革命的历史作用，还能够看到中国共产党对辛亥革命振兴中华伟大事业的历史传承。

## 一

不少早期共产党人曾是追随孙中山进行反清革命的同志，他们亲自参加了辛亥革命的斗争，经历了辛亥革命的洗礼。之后，他们继续探索中华民族解放的出路，成为马克思主义的信仰者。

在中国共产党创立时期各地方早期组织的成员中，直接或间接参加过辛亥革命的人数约占 1/3，其中出身于同盟会的约占 10%（田伏隆：《辛亥革命与二十世纪中国》）。中共一大召开前建立的 8 个地方性早期组织的发起人，年长者大都程度不同地参加或亲历了辛亥革命。

中国共产党的主要创始人陈独秀虽然不是同盟会员，但却深入地参与了辛亥革命。1900年，陈独秀因发表反清演讲遭到通缉，赴日本留学。1902年回国后，他在安庆藏书楼附设书报室，陈列从日本、上海带回的时政书刊供人阅读，还组织青年励志社，每周在藏书楼演讲，交流思想，宣传革新，继而再次遭到通缉而流亡日本。此后，陈独秀更加坚定地走上了反清道路，1904年回到安徽创办《安徽俗话报》宣传革命，1905年组织岳王会反清。辛亥革命后，他任安徽省都督府秘书长和安徽高等学校教务主任等职，复参加孙中山领导的二次革命，失败后再次逃往日本。1914年他在日本创办《甲寅》杂志，次年回上海创办《青年》杂志，反思并继续推进辛亥革命的事业。他领导的新文化运动是辛亥革命在文化领域的继续，也是对中国出路的又一次探索。通过探索，陈独秀接受了马克思主义，并创立了中国第一个共产党的地方组织——上海共产党早期组织。

湖北共产党早期组织中的刘伯垂、董必武、张国恩都曾在日本留学，均为同盟会员。该小组的主要发起人刘伯垂，1909年留学日本，结识了孙中山，接受民主革命思想，在东京加入同盟会。之后他担任过南京临时政府法制院参事、民国大元帅府秘书官等职，并追随孙中山参加了反对袁世凯复辟的斗争。

广州共产党早期组织的书记谭平山也是同盟会会员。他1908年考入当时广东省最高学府——两广优级师范之后，开始关心国家和民族的前途命运。1909年，他加入同盟会，秘密开展反清革命的宣传活动。辛亥革命后，被推选为广东省参议员。

旅法华人共产党早期组织的发起者张申府，是周恩来、朱德的入党介绍人。1908年，张申府在顺天高等学堂中学班学习时，产生了排满革命思想。辛亥革命爆发，他积极投身革命大潮，在天津《民国报》以"赤子"为笔名发表文章，进行革命宣传。他后来的妻子、亦为早期共产党员的刘清扬，这时在天津直隶第一女子师范学校读书，参加了同盟会在天津的秘密组织——天津共和会。她与其他会员一道，油印反清宣传品，向群众进行革命宣传，积极为滦州起义探听军情、筹措经费。

毛泽东是湖南共产党早期组织的发起人，他 1910 年进入湘乡县立东山高等小学堂，开始阅读《新民丛报》合订本，思想倾向维新。1911 年春，他考入在长沙的湘乡驻省中学，首次读到革命报刊，知道了孙中山等革命党人的事迹。受到革命思想影响的毛泽东，在同学中发起了剪辫子运动，辛亥革命前就剪下了象征忠于清廷的辫子。武昌起义爆发后，他在革命党人的宣传鼓舞下，于 1911 年 10 月下旬参加了湖南新军，成为驻长沙的新军二十五混成协的一名士兵。因此，毛泽东说："我本人也曾经参加了这次民主革命，当了一名战士。"（《毛泽东文集》第 6 卷）

北京共产党早期组织的发起人李大钊，虽然在辛亥革命时期主要持立宪立场，但他在天津北洋法政专门学校读书时的老师白毓昆是革命党人，参加滦州起义被俘牺牲，这对李大钊的进步思想形成影响很大。

## 二

早期中国共产党人中的年少者大都在思想上受到了辛亥革命的深刻影响，由爱国青年走上革命道路。瞿秋白、张太雷读书的江苏常州府中学的校长屠元博是同盟会会员，该校的几个教员也都是留日学生或同盟会员，他们在学生中进行民主革命宣传，讲孙中山、章太炎的思想，讲邹容、秋瑾和黄花岗烈士的故事，还组织学生进行军事训练。张太雷就在这时读了《革命军》，瞿秋白在武昌起义前就带头剪掉了辫子。赵世炎的二哥赵世珏（jué）是同盟会员，向警予的大哥向仙钺也是同盟会员，他们在哥哥的影响下早早就有了进步思想，进入新学堂就成了学生骨干。蔡和森敬佩孙中山，把他当成自己效法的楷模，又受到老师徐特立和杨昌济的影响，成为坚定的民主主义者。李立三是湖南醴陵人，1906年萍浏醴起义失败后，幸存的同盟会员潜伏下来继续从事革命活动。在李立三读书的会馆里，有个叫孙小山的就是同盟会员，从他那里，李立三第一次听到秋瑾、徐锡麟等人的事迹，了解了同盟会纲领的内容、含义，较早地受到了民主主义启蒙教育。正是辛亥革命的深刻影响，使上述党在创建时期的重要领导人（胡耀邦在庆祝中国共产党成立六十周年大会上的讲话中列举），由爱国者转变为民主革命者。

早期共产党人接触新思想时，并不能区分革命和改良。毛泽东在他首次发表政见的文章中提出：推翻清王朝，建立民国，请孙中山回来当大总统，康有为当内阁总理，梁启超当外交部长（［美］埃德加·斯诺：《西行漫记》）。这说明青年毛泽东当时还没有弄清孙中山和康、梁的政治分野。周恩来开始思想转变时，同时受两个人影响，"一个历史教员叫高戈吾是革命党人，另一个地理教员是保守党人。高戈吾介绍给我读进步书籍，如章太炎的书和同盟会的杂志，地理教员是满族人，姓毛，介绍给我读康有为、梁启超的文章"（《周恩来谈个人与革命历史》）。然而，他们却没有在维新、改良的园地里驻步不前，这一方面是由于清王朝在最后的日子里彻底暴露了它"洋人的朝廷"的真面目，另一方面则不能不归功于辛亥革命前后长期的民主革命宣传和推翻君主专制政体的巨大影响。这使早期共产党人有了爱国救亡的意识，接受了民主革命的思想，首先以资产阶级民主主义者的身份站在时代的潮头，而后又在反思辛亥革命的激流中，进一步向共产主义者转变。

辛亥革命是先进中国人"学西方，救中国"的根本总结，在历经了多年的民主宣传和武装斗争后，所建立的民国不但没能解决中国的社会问题，反而成了军阀们肆意玩弄的工具。经过辛亥革命洗礼的早期共产党人不得不重新思考中国的出路问题。既然西方的民主主义不能彻底改变中国的状况，就必须有新的东西来取代它。为此，他们又发起和参与了新文化运动，并最终在十月革命的启发下，选择了马克思主义。正如胡锦涛总书记在纪念辛亥革命100周年大会上所说的那样："接受这场革命洗礼的中国先进分子和中国人民继续顽强探寻救国救民道路。1921年，在马克思列宁主义同中国工人运动的结合中，中国共产党应运而生。"

辛亥革命推翻了清王朝，结束了两千多年的封建专制统治，迈出了振兴中华的第一步。同时，它传播了民主共和的理念，打开了中国进步的闸门，中国共产党应时而生，成为振兴中华的又一代担纲者。

# 作者简介

刘世华，女，1962年生。法学博士。东北师范大学马克思主义学院教授、博士生导师。主要从事马克思主义民主理论史、中国近现代史的教学与研究工作，著有《中国共产党与孙中山的承传关系研究》等。

# 不专一己之见

## 李文海

　　毛泽东同志多次强调，领导干部要"多谋善断"。他还有一句名言："领导者的责任，归结起来，主要地是出主意、用干部两件事。"

　　这些话虽然大家耳熟能详，但真正领会和切实做好却并不容易。譬如，什么算是"多谋"？怎样才能"善断"？如何看待"出主意"以及怎样尽量出好主意而不出馊主意？这里面就大有讲究。有的干部既不调查研究，也不集思广益，凭自己拍脑袋或一时心血来潮就出各种主意。"情况不明决心大，胸中无数办法多"，而且一切都得遵循自己的意志办事，甚至认为"意之所欲，信以为不逾；令之所发，概期于必行"，只要自己想做的，别人不能随便逾越；只要自己发的命令，一概要求别人不折不扣地执行，以为这样才算尽到了领导者的责任，彰显了领导者的权威。这样做，其实与毛泽东同志提倡"多谋善断"和"出主意"的初衷恰好南辕北辙，背道而驰。

　　即使在民主意识极端缺乏的封建时代，人们也觉察和意识到政治生活中完全凭长官意志处理公务的弊端与危害。清人觉罗乌尔通阿在《居官日省录》中便提出了"虚心以延众论，不必谋自己出"的命题，认为一个高明的官员，并不一定要所有的谋略都出于自己的意念，而在于博采众论，择善而从。

较早指出处理政务"每事皆自决断"之不足取的，大概要算是唐太宗李世民。一天，唐太宗问尚书左仆射（yè）萧瑀（yǔ）：你对隋文帝怎么看？萧瑀回答说：隋文帝"勤劳思政"，每天坐朝，从早到晚，"虽性非仁明，亦是励精之主"。唐太宗不以为然，说："公知其一，不知其二。此人性至察而心不明。夫心暗则照有不通，至察则多疑于物。""恒恐群臣内怀不服，不肯信任百司，每事皆自决断，虽则劳神苦形，未能尽合于理。朝臣既知其意，亦不敢直言，宰相以下，惟即承顺而已。"接着，唐太宗强调说："以天下之广，四海之众，千端万绪，须合变通，皆委百司商量，宰相筹划，于事稳便，方可奏行。岂得以一日万机，独断一人之虑也。"他还进一步算了一笔账：即使一个能力很强的人，仅凭个人一己之力，每天处分十件事，五件做得很好，那还有五件是没有做好的。一天做错五件事，"以日继月，乃至累年，乖谬既多，不亡何待？"（《贞观政要·政体第二》）作为一个封建帝王，把能否听取群臣意见而不独断专行，提高到政权存亡的高度，这大概是唐太宗能够成为史上少有的明君的一个重要原因。

如果在上者"每事皆自决断"，下属们难免"不敢直言"，一味"承顺"。这种情况，在封建官场可以说是司空见惯，而其后果则是更加加重了官员们刚愎自用、自以为是的恶习。前引《居官日省录》有这么一段描写："居官之人，身处民上，一令百从，谀言日出。自视地位高于人，才识无不高于人，自是之见渐习渐惯，其尚能低首下心，勤学好问也哉？趾高气扬，必贻民物之忧。即以终身才识，亦以一得自阻矣。吁，可畏哉！"一个人身居官位，掌握着一定的权力，说话行事，往往一呼百应，"一令百从"。周围的人们或者出于尊重，或者出于礼貌，自然还会有人出于趋炎附势、攀援献媚的心理，常常会送上种种赞誉和奉承。一个严于律己、有自知之明的人，固然能清醒地对待这些，不至于忘乎所以，而有些人在这样的环境下，却往往难以自持，浸淫日久，不免"自是之见渐习渐惯"，就会产生一种错觉，以为自己"地位高于人，才识无不高于人"，于是目空四海，颐指气使，再也没有了向别人"低首下心，勤学好问"的谦虚谨慎之态了。这段话生动地描述了一个高高在上的官员，怎样在"谀言"包围和自我膨胀的恶性循环下，一步步变得趾高气扬，独断专行，结果既在公务上乖谬失误，"贻民物之忧"，又阻塞了个人聪明才智的进步和提升。这不论于公于私，确实是一件十分"可畏"的事情。

习惯于独断专行的人，常常以为自己有魄力、有决断、有主见，是敢做敢为、器识远大的表现。其实正好相反，正如唐太宗对隋文帝所批评的，"每事皆自决断"，原因是"多疑于物"，"不肯信任百司"，恰恰是心胸狭窄、目光短浅、缺乏容人之量的反映。清代有一部不知作者姓名的书，叫做《刑幕要略》，其中有这么一段话："近来居官者间有薄视幕友，趾高气扬，遇事独出己见，不待商榷，此固才非远大，难与共事。"（《官箴书集成》，第五册，第26页）这个判断的深刻之处，在于一针见血地指出，那些"趾高气扬，遇事独出己见"的"居官者"，其实是"才非远大"的庸才，不但没有恢宏气度，而且难以共事。这也许可以如醍醐（tí hú，佛教比喻最高的佛法）灌顶（醍醐灌顶比喻灌输智慧，使人彻底醒悟），让这些人从自鸣得意的良好自我感觉中清醒过来。

强调不必凡事都要"谋自己出"，当然不是说主政者不要有自己的主见，有自己的判断，而是说出主意、做决策，需要有一个深入调查研究、广泛听取意见的过程。对事情的来龙去脉都搞清楚了，对各种正面的、反面的、赞成的、反对的意见都了解了，然后衡量利弊得失，择善而从，做出合乎实际的决断，这样才能叫做"善断"。这一点，清代的官箴书中就有不少总结实践经验而得出的颇有见地的论述。有人说：一个高明的官员，应该"广询博访，取决贤智，不专一己之见，而求通舆论之公"（金庸斋：《居官必览》）。也有人说："任用人材，兴作事功，自己已有一定之见，然不可独用己意，则排沮者必多，吾事败矣。稽于众，取诸人以为善，然后可。"（陈弘谋：《从政遗规》）还有人强调官员在审理词讼、断狱判案时，"必虚公详慎，勿任一时之性，勿执一己之见"，认为只有这样才能保证司法的公平和公正，避免因主观武断、好恶任意、欺骗蒙蔽、瞻顾徇情而造成冤假错案（田文镜：《州县事宜》）。

所有这些，都强调处事理政时，必须尽量多听各种意见，所谓"兼听则明"，而不能一切"独用己意"，专执"一己之见"，否则必定导致"心不明"而"于理不合"的后果。郑端在《政学录》中用八个字概括固执己见的恶劣影响，叫做"偏听生奸，独任成乱"（卷三）。偏听偏信，容易为奸人所乘；独断专行，必定会事乖政乱。这是居官者必须时刻警惕和引以为戒的。

# 清朝皇位继承制度的特点

## 杨　珍

清朝是中国历史上最后一个封建王朝，与此前中国历代王朝相比，其皇位继承制度有一些独特之处。

## 一、皇位继承的多种形式

清朝历时 268 年（1644—1911），如果计入关外的 28 年（1616—1643），共计 296 年。在近三个世纪中，清朝先后出现了汗（hán）位推选制、嫡长子皇位继承制、秘密建储制和懿旨确立嗣君四种皇位继承形式。

**汗位推选制**　这是清朝历史上最早出现的最高权力继承制度，天命七年（1622）由后金汗努尔哈赤确立，其实施仅限于努尔哈赤与皇太极死后的权力传承。

顺治帝临终前的皇位交接，是在汗位推选制已告终结、新的皇位继承制度尚未产生之际，清朝最高统治者按照个人意志选择皇位继承人的首次成功实践。顺治帝在此中扮演了相对被动的角色，以两黄旗重臣为心腹并掌握实权的孝庄太后居于主导地位。从清朝皇位继承制度发展演变的全过程审视，此次皇位交接具有过渡性质。

嫡长子皇位继承制　这一制度自西汉初年创立，有近两千年历史。清代仅实施于康熙年间，历时 37 年（康熙十四年十二月至康熙五十一年十月）。在此期间，发生了两立两废太子这一史无前例之事。

秘密建储制　秘密建储在清代正式实施四次（雍、乾、嘉、道各朝），历时超过一个世纪（雍正元年至道光三十年，1723—1850）。道光以后，清帝或只有独子（咸丰帝），或无子（同治帝、光绪帝），秘密建储制度被迫终止。

懿旨确立嗣君　这是晚清慈禧太后专权时期的皇位传承形式。它并非皇位继承制度，而是在清帝无嗣的情况下，独揽大权的慈禧太后用以确定皇位传承人的应急措施。懿旨确立嗣君的做法，先后实施两次。第一次是同治帝去世后，慈禧太后以懿旨确立载湉为嗣君，是为光绪帝；第二次是光绪帝去世后，慈禧太后又以懿旨确立溥仪为嗣君，是为宣统帝。

## 二、清代皇位继承制度出现的新变化

清代以前，中国历代封建大一统中央王朝，大多实施嫡长子皇位继承制度。清朝建立并实施了秘密建储制，皇位继承制度出现了一些新变化。

首先，在建储形式上，它改变了明立储君的做法，实行秘密建储。其次，它改变了立嫡立长的择储标准。虽然择储范围仍然局限在皇子之内，但储君人选是由皇帝全权决定，既择贤而立，又优先考虑嫡子或长子。第三，公开建储导致了储权的存在，而秘密建储使储君与储权相分离，进而取消了储权。这是秘密建储制与嫡长子皇位继承制的最大区别。

# 三、多元文化特色

清朝皇位继承制度的发展演变，与清代满汉文化的冲撞、交流与融合进程密切联系。清朝皇位继承制借鉴吸收了不同民族文化的内容，具有较大的包容性。

在以上四种形式中，汗位推选制在较大程度上保留了北方少数民族（如契丹、女真、蒙古等）不预立嗣汗、而由贵族成员推举汗位继承人的习俗。

康熙帝虽采用汉族王朝的嫡长子皇位继承制，但在实施中赋予它新的内容，满族旧制及其传统观念的影响处处可见。严格地说，康熙朝此制并非真正的汉制，而是在满汉文化冲撞与交流的特定背景下，带有满族特色的嫡长子皇位继承制度。

清朝皇位继承制度的多元文化特色，在秘密建储制度上表现得最为突出。这一制度不仅保留了满族汗位推选制的某些特点，吸收了汉王朝嫡长子皇位继承制的部分内容，还对古代波斯王朝曾经实行的秘密建储法有所借鉴。秘密建储并非清朝首创，据《旧唐书·波斯传》记载，"其王初嗣位，便密选子才堪承统者，书其名字，封而藏之。王死后，大臣与王之群子共发封而视之，奉所书名者为主焉"。康熙帝曾说："二十一史，朕皆披阅"，这一段记载应该对他晚年拟定秘密建储计划有所启发。嫡长子皇位继承制的明立储君与汗位推选制的不预立储君，本是互为对立的两种形式，秘密建储制度对它们进行取舍、改进，将两者结合起来，发挥了互补的作用。

懿旨确立嗣君之举，在中国历史上并非没有先例，但晚清的懿旨确立嗣君，还在某些方面借鉴了汗位推选制及秘密建储制的部分内容。这是在皇权发生重大变化、中国逐步半殖民地化的政治与社会背景下，依然兼容满汉习俗、兼有满汉传统政治特点的一种皇位继承形式。

# 四、与皇权发展阶段相适应

清朝皇位继承形式的变换与清朝皇权发展阶段之间，呈现出较强的一致性，在皇权发展的不同阶段，都有与此相适应的皇位继承形式。清朝皇位继承制度的演变与清朝皇权发展进程之间所具有的密切关联，超过了此前中国封建社会任何一个王朝。

努尔哈赤建立的后金汗权，是父家长制专权，带有浓厚的家族血缘关系色彩以及军事民主制思想残余。与此相适应，努尔哈赤生前制定了由其家族成员，即八和硕贝勒公推嗣汗的汗位推选制度。

康熙帝清除鳌拜集团后，皇权的集中、强化有了较大进展。平定三藩之乱初期，局势对清朝不利。出于政治需要，康熙帝毅然决定实施嫡长子皇位继承制度，但却未能充分考虑到满族传统制度与习俗对清朝统治集团仍具有较大影响。由于缺乏满洲贵族的有力支持，加之其他原因，嫡长子皇位继承制的实施以失败告终。

康熙帝总结经验教训，拟定、实行秘密建储计划，雍乾两帝在此基础上，改进、发展为秘密建储制度。以康熙五十一年（1712）清廷对其统治方针进行重大调整为开端，清朝皇权进一步集中与强化，至乾隆时期达于极致。由是，乾隆帝方能确立秘密建储制度，发展了中国封建社会的皇位继承制度。

乾隆中期以后，皇权盛极而衰，而导致皇权集中与强化达于极致的方针、政策、制度及其威慑力依然存在，甚至延续到晚清时期，成为清朝最重要的一个政治传统。所以，尽管由于资本主义列强入侵，加之以太平天国为中心的各族人民大起义的冲击，清朝皇权走向衰微，但这一专制集权传统与机制的深远影响，仍为慈禧太后的长期专权创造了条件。

不过，随着中国主权不断丧失，慈禧太后的专权同清朝前中期诸帝相比已有很大不同。在决定皇位继承人选问题上，慈禧太后虽基本能做到一言而定，却不得不事先召集众臣商议。戊己废立（指1898—1899年慈禧太后在戊戌政变后废除光绪帝的图谋）的失败表明，即使在慈禧太后专权的情况下，皇权传承的决定权也受到多种因素的制约，而列强直接干预清朝的皇位传承问题，反映出晚清皇位继承所独具的特征。

## 五、皇位传承较为平稳

在清朝，皇位传承基本上都比较顺利地完成。虽然皇位争夺也很激烈，如皇太极去世后曾出现继统危机，康熙后期诸皇子角逐储位，雍正帝侥幸继位后大批清洗政敌，但是，尽管出现激烈纷争，均未酿成内乱。不仅如此，清朝前期与中期的大多数皇权传承，如顺康两朝、康雍两朝以及雍乾两朝皇位交接，从最终效果看，对清朝统治的加强与政局稳定有促进作用。可以说，清朝皇位继承制度在长达近三个世纪的实施中，效果较好。

清朝皇位继承制度是世界已进入封建主义向资本主义转化时代，中国封建社会步入晚期并处于严重社会危机下的皇位传承制度。尽管历经十朝的皇位继承，在不同的形势背景下有所调整、变通和发展，出现多种形式和特点，但不变的仍然是清朝封建皇族内传承帝位的本质特征，其终极目的依然是维护、巩固清朝皇帝的专制统治。然而这一专制统治严重阻滞中国社会的近代化转型，致使中国进一步落后于西方，造成国弱民穷，落后挨打，给中华民族带来了深重灾难。


## 作者简介

　　杨珍，女，1955 年生。中国社会科学院历史研究所研究员。撰有《康熙皇帝一家》《清朝皇位继承制度》等专著。

# 清代官员考核中的引见制度

## 孔祥文

在中国古代，一般的中下级官员面见皇帝，需要有高级官员的引领。这种中下级官员由王公大臣引领觐见皇帝的形式，称为引见。清代的引见制度包括官员入仕选拔、升迁调补、降革处罚等方面，成为皇帝加强皇权的一种重要政治手段。

## 一、概 况

清代对官员的考核分为京察和大计，分别对京官和外官进行。考核结束后，将京察一等、大计一等和二等的部分官员引见给皇帝。引见地点一般在紫禁城的乾清宫或养心殿，皇帝驻跸圆明园或西苑时，在勤政殿引见；巡幸各地时，在行宫引见；如遇重大祭祀活动，则在斋宫引见。

文官和武官分别引见。文官引见由吏部尚书、侍郎带领。引见之日，吏部衙门的司员、书吏将引见官员排班，一次引见五六人，班首、班尾各有司员一人为领班和押尾。引见时呈递绿头签（亦称绿头牌），该签用白硬骨纸制成，上半段为绿色，首尖下长，牌上书写引见人姓名、履历以供皇帝阅看。如果引见官员是地方推荐、送部引见，还要将督抚出具的考语也填在绿头签上。

除绿头签外，皇帝手中还有引见人写的履历折子，以便参阅。

文官引见时，皇帝升御座，吏部尚书、侍郎跪于御座一侧，将绿头签和引见单呈递皇帝。引见官员按班次顺序入殿，奏报履历，然后皇帝与之交谈。交谈内容十分广泛，除了公务，有时也叙家常。通过引见谈话，皇帝观察官员的身材相貌、言谈举止、人品德行，并用朱笔把评语、升迁降革意见写在引见文书上。皇帝的决定并不当场宣布，只是将绿头牌发给本人，令其退场。之后，皇帝会向主管堂官说明自己的意见，主管堂官据此撰写奏折，待批准后向引见官员宣布。之后官员们常被第二次引见，聆听皇帝训饬，然后离京。

武官引见时，由兵部尚书、侍郎带领。引见前，先在东安门外考试徒步射箭与马上射箭，称为"堂考"，获得前三等评语"好""中平""平常"的武官方可引见，获得第四等评语"劣"的会受处分，失去引见机会。为体现朝廷重视武备的精神，引见时，武官均要执弓，如遇皇帝阅射，得射完五箭再跪奏姓名。其他规制与引见文官大致相同。

清朝对引见官员面见皇帝时的服装有严格规定。文官要身着蓝袍天青褂，佩挂朝珠，每逢初一、五、十、十五日还要穿补褂（该官服前胸及后背缀有用金线和彩丝绣成的补子）；夏季穿亮纱，伏天穿葛纱，均照例穿蓝实地纱袍。准戴花翎、蓝翎的官员，其翎管只准用白玉，不准用翡翠。

引见制度确立以来，受到历代清帝的高度重视，成为一项重要的日常事务。中国第一历史档案馆的《清代官员履历档案全编》共收录文武官员履历55883件，其中康、雍两朝有8773件，乾隆朝有23126件，嘉庆朝6683件，引见制度执行程度可见一斑。其中雍正帝尤为认真，引见单中留下大量朱批，有的朱批比引见单上的字还多。康熙帝的朱批不多，乾隆帝也写了一些，其后的引见履历单基本未见朱批。晚清由于慈禧太后"垂帘听政"独揽大权，皇帝有名无实，引见活动大为减少，这项制度也渐成具文。

# 二、作 用

引见制度在清代官员任免过程中起着十分重要的作用。在皇帝看来，"用人之柄，操之于朕，而察吏之责，不得不委之督抚"（乾隆帝语），但对于察吏的最终决定权，皇帝是一定要掌握在自己手中的，这也是引见制度实行的根本原因。清代对官员的考核虽然由六部长官及各地督抚实际操作，但他们并无最终决定权。京察、大计之后实行引见制度的主要目的，就是为了对大臣行使察吏权力进行监察。对被引见的官员，皇帝并不会完全采纳六部长官或督抚的建议，经常有官员被从"一等"或"卓异"中剔除。乾隆五十三年（1788）五月，乾隆帝在召见原任甘肃阶州知州颜培天时，发现原任陕甘总督福康安在任内举行大计时，明知犯错，却不据实陈奏，最终将福康安交部议处。

一方面，引见制度有利于皇帝发现和选拔人才。通过引见时的交谈，皇帝对官员可以有大致的了解，特别是经过多次引见，可以更准确地发现人才，是直接考察地方官的重要手段。如乾隆元年（1736）大计，山西平定州知州郭一裕被山西巡抚罗石麟举为卓异，得以引见，而乾隆帝只评价其"中平"。乾隆十六年，郭一裕再次被引见，乾隆帝评价"人似有出息，可升用。"到乾隆二十年，郭一裕则受到重用，升为云南巡抚。

另一方面，引见制度有利于整饬吏治。清代官吏徇私妄举的现象屡见不鲜，而一些高官显贵又不能主持公道。通过引见，皇帝可以考察他们是否能秉公甄选、是否有姑息从事的情况。如乾隆十二年，大学士张廷玉保荐京察一等吴绂（fú）等三人，在引见时被皇帝看出有徇私行为，张廷玉因此被降二级处分。

# 三、局　限

由于考察方式单一，仅凭身材相貌、一面之词及一时的行为举止选拔官员，引见制度也具有很大的局限性。

其一，引见制度无法全面考察官员的优劣。由于引见时，皇帝和官员的接触时间短暂，并且官员人数众多，只能从外表得到某些片面的认识，很难评判官员优劣。乾隆四十六年（1781），发生了轰动全国的"甘肃冒赈案"。案中关键人物甘肃布政使王亶（dǎn）望，此前曾多次被引见。乾隆二十八年（1763）引见时，乾隆帝评价"此人竟有出息，好的。"乾隆三十七年，王亶望再次被引见，乾隆朱批"竟好，王师（姓王名师，曾任江苏巡抚）之子，将来有出息。"可见王亶望给乾隆帝留下了很好的印象。冒赈案发，证明乾隆帝作出的判断其实是错误的。

其二，引见带有强烈的主观随意性。皇帝只是通过与被引见者的简短交谈，便对先前的评价进行肯定或否定，并对引见者作出最终评价，随意性很大。因此，一个考语优秀的官员，其仕途很可能毁于一次糟糕的谈话或其貌不扬的外表。很多情况下，皇帝自己也知道难以在很短时间内作出准确判断，雍正帝朱批中就有不少"似""不似""难定"之类的词语，充分反映了皇帝的矛盾心理。如他说牟綜（cóng）元"似老实又不似老实，难定"，方显"老实，中材，似婆婆妈妈的，好人"，殷邦翰"冒失，急躁人，特快，但不似坏人"。

另外，虽然引见制度本身对整饬吏治是有利的，但同样容易产生任人唯亲、徇私舞弊等情形。有引见权力的官员一面千方百计为自己亲友追名逐利，力争引见，同时也为贿赂请托营造机会。嘉道以后，为引见而行贿的现象日益突出。如道光十八年（1838），兵部尚书奕颢（hào）在拣选佐领时，公开徇私受托。后来甚至出现了官员在引见前必须交纳引见费的现象。

引见制度成为清代加强皇权的手段，虽然在一定程度上有利于皇帝发现人才，因材施用，体察民情，但也有着以貌取人，主观随意等诸多局限。清代的吏治腐败大案层出不穷，与这种一言九鼎、"金口玉言"的选人用人体制不无关系，这些经验教训对于我们今天选拔、任免和考核官员，依然具有一定的借鉴意义。

## 作者简介

孔祥文，女，1969年生，辽宁大连人。中国人民大学清史研究所博士。国家清史编纂委员会网络中心工作人员。发表《清前期地方文官考核制度述略》《洪承畴与"大功不赏"》《清初文官考满制度初探》《陈宏谋吏治思想研究》等多篇论文。

# 清廷治理蒙古地区的经验得失

吕文利

17 世纪初满族崛起时，与诸多蒙古部落结盟，此后满蒙联盟势力逐渐强大，最终建立清王朝并统一全国。在与蒙古各部结盟并施以统治的过程中，清廷逐渐摸索出一套行之有效的管理制度。

## 一、在中央成立专门管理机构

随着漠南蒙古（今内蒙古）各部的陆续归附，崇德三年（1638）六月，清廷改蒙古衙门为理藩院，专门负责管理民族事务。理藩院逐步发展成为与六部平行、直属皇帝的机构，这种级别建制在历史上尚属首次。理藩院在广大的边疆民族地区，几乎都派有熟悉业务和政策的司员随同当地的将军、都统、大臣进行管理，保证了政令的上传下达，确保了清廷对当地民众实行更为有效的管理。同时，在制定相关政策时，理藩院往往能够从"因地制宜"的角度提出建设性意见，使清廷在处理相关民族事务时，更加从容而富有成效。

# 二、"分而治之"的管理体制

清廷对蒙古族的统治策略是既拉拢又防范，在蒙古地区实行诸如盟旗制、总管旗、喇嘛旗和州县制等多种管理办法，以达到"分而治之"的目的。

1. 建立盟旗制度，"众建以分其势"

清朝统一蒙古各部之后，在蒙古原有的鄂托克、爱马克（蒙语，均可译为"部落"，前者突出地缘关系，后者更强调亲缘关系）组织的基础上，仿照满洲八旗制度，把各蒙古部落整编为一级行政建制——札萨克（蒙语，意为"执政官"）旗。札萨克旗的特点是各旗札萨克及领主领有本旗的土地及所有资源，并且不承担国家赋税，不由朝廷委派各级职官，具有一定的自治性。但同时规定，这些旗所辖地域固定，不允许越界游牧，互不统属，各自为政。而若干个札萨克旗组成的盟，并无衙署，也非更高一级的行政机构，使蒙古各部很难再聚合在一起，形成统一的势力。

2. 设立由中央直接派官管理的总管旗

康熙十四年（1675）平定蒙古察哈尔部布尔尼叛乱后，清廷设立了与盟旗制有别的总管旗，将其余部编为察哈尔八旗，移至宣府、大同边外驻牧，派总管进行管理，规定"其官不得世袭、事不得自专"。总管旗为清廷的直辖领地，不设札萨克，不实行会盟，其地除指定游牧外，还用于驻军、屯田、开设牧厂。

3. 设立喇嘛旗

清代蒙古民众普遍信仰藏传佛教，建立了很多较大的寺庙。为尊崇喇嘛教，清廷在大寺庙领地上建立了 7 个喇嘛旗。

4. 蒙汉分治，在汉人聚居的地方设立府厅州县

由于中原人口的迅速增长及自然灾害等原因，迁移蒙古地区

的内地农民不断增多，逐渐形成汉族移民聚居区。清廷为了有效管理汉族移民并维护蒙汉交错区的社会稳定，实施了"蒙汉分治"措施。雍正年间，清廷开始在农垦区设立中原地区推行已久的府厅州县。仅清末新政时期，内蒙古地区就设置了 3 府、10 厅、2 州、13 县。

## 三、加强对蒙古地区的军事控制

### 1. 实施军府制

清廷把蒙古地区分片分区，以满洲大臣为统治核心，实施军府制。在外蒙古地区，雍正十一年（1733），初设乌里雅苏台定边左副将军；乾隆二十三年（1758），设库伦办事大臣；乾隆三十二年（1767），在科布多建立军府。在内蒙古地区，雍正二年（1724），设热河总管、副总管；乾隆二年（1737），设立绥远城驻防将军；乾隆二十六年（1761），设察哈尔都统；光绪六年（1880），设立呼伦贝尔副都统。

### 2. 每三年编审一次人丁

清廷规定，"蒙古壮丁年六十岁以下、十八岁以上者，皆编入丁册"。为防止蒙古各部隐瞒力量进行武装反抗，清廷每三年编审一次人丁，对隐瞒人丁不报者，有严厉的处罚规定。在编审人丁的基础上编设佐领，每 150 名壮丁组成一个佐领，作为蒙古地区最基本的军政单位。通过编审人丁，清廷大体掌握了户口和人丁情况，便于编旗设佐，兴兵作战。

## 四、尊重宗教信仰，实施政教分离

### 1. 尊重宗教信仰，拉拢上层僧侣

清廷非常重视在蒙古地区扶持藏传佛教。乾隆帝曾说："兴

黄教，即所以安众蒙古。……盖以蒙古奉佛，最信喇嘛，不可不保护之，以为怀柔之道也。"清廷对内外蒙古呼图克图（清朝授予蒙、藏地区喇嘛教上层大活佛的封号）、活佛以及札萨克大喇嘛、副札萨克大喇嘛、札萨克喇嘛都给予礼遇，实行年班制度，每年轮流进京，以拉拢宗教上层人士。

2. 实施政教分离政策

清初，藏传佛教的活佛可在蒙古地区自行转世，很多蒙古贵族在家族内部世袭活佛并集世俗与宗教权力于一身，这对清廷加强统治十分不利。从乾隆帝开始，逐渐实施政教分离的政策。首先，设置办事大臣，以分呼图克图、活佛之权。其次，设立金瓶掣签制度，规定凡是"蒙古地方出呼毕勒罕（蒙语，意为"转生"），即报明理藩院"，理藩院堂官与掌印札萨克达赖喇嘛呼图克图等"公同掣签"。这就把活佛转世继承之权掌握在清廷手中。

# 五、颁布地区法和部门法

清廷先是根据蒙古地区的传统习惯，颁布了《蒙古律例》。后来随着新疆、西藏等地纳入管理，理藩院又编纂了适用于边疆地区、以行政法规为主的综合性部门法规——《理藩院则例》。两部法典和全国性的法律《大清律例》在蒙古地区共同实施，不但体现了国家意志，也充分考虑到了蒙古地区的差异性和特殊性，成为蒙古社会各个阶层必须遵循的行为准则。

# 六、全方位笼络蒙古贵族

为了巩固满蒙联盟，清廷在蒙古地区实施满蒙联姻和封爵制度。满蒙联姻长达近300年，终清一朝满蒙联姻达586次，从而以血缘关系把满蒙贵族紧紧地联系在一起。此外，根据血统的尊卑、归附前地位的高低以及战功的大小，清廷对蒙古贵族授以各种爵位，给予较高的俸银、俸缎，称为"封爵制度"。除此之外，他们还享有诸如配备侍卫等其他待遇。

# 七、实施封禁政策

出于维护稳定的需要，清廷从顺治初年就颁布了封禁令，直到清末新政时期才解除。封禁制度规定内地民人不许进入蒙古地区开垦，禁止蒙古各旗跨界游牧。不论公私事务，出入蒙古地区都要领取票照。期间，虽有封而难禁的情况，但还是限制了内地人口大量流入蒙古地区。

清廷在对蒙古地区实施治理取得大量经验和成绩的同时，也有诸多不足和教训。例如，封禁政策应该把握好尺度，既不能完全封禁，阻碍各族人民交流，又要适当进行，以保护当地生态环境和牧民的利益。又如军府制，由于将军、都统、大臣等品秩相当，加之各地还实行了府州县制、盟旗制等多样化管理体制，导致权力分散，不利于政令统一。对藏传佛教的过度扶持，使当地喇嘛数量过多，最多时竟占到成年男子人数的四分之一以上，由于喇嘛严禁婚娶，影响了蒙古族人口的正常增长，使得劳动生产力下降。

总体来讲，清廷对蒙古地区的治理，基本达到了使其作为"朔漠屏藩"的目的。其中，尊重蒙古民族传统，给予其上层以较高的待遇及自主权，底层民众的利益也予以关注，是其成功的关键。知古鉴今，清廷统治蒙古地区的经验和教训，值得我们认真总结和反思。

## 作者简介

吕文利，1980 年生，内蒙古赤峰人。历史学博士。中国社会科学院中国边疆史地研究中心副研究员。出版学术专著一部，发表学术论文 20 余篇。

# 皇太极所得"传国玉玺"考绎

卜　键

公元 1635 年，亦即明崇祯八年、皇太极天聪九年，局势一步步变得对后金更为有利。这年秋，出征察哈尔的大军又传来捷报，不独整个儿绥定曾经强悍的死敌，还意外得到了一块"传国玉玺"。后金汗廷一片欢腾。文馆汉官鲍承先上奏，"大宝呈祥，天赐玉玺，乃非常之吉兆也"，建议由工部特制宝函，皇太极择吉郊迎，然后以此玺钤行敕谕，"颁行满汉蒙古，俾远近闻知，咸识天命之攸归"。皇太极心情愉悦，一一允准。

"传国玉玺"的出现，曾被作为天意天命的象征，作为后金走向"大清"的重要依据，是清朝建国史上的重大事件。对它作一番梳理考证，还原其历史本真，则是这篇小文的尝试。

## 一、多尔衮逼降察哈尔，缴获"传国玉玺"

远征察哈尔的是多尔衮等四贝勒统帅的一万精骑，当年二月出师，西渡黄河，四月二十八日抵达额哲所部驻扎的托里图。时察哈尔林丹汗已在前一年病死，部众大半降了后金，连其福晋窦土门都被皇太极列入妾班。唯察哈尔太子额哲率部远遁，不来归顺，心病未去，是以大兵压境，务绝后患。多尔衮不独精于用兵，亦擅于用情，军中叶赫将官南褚是察哈尔太后的弟弟，受命先入营谈判，苏泰太后恸哭出见，令额哲率众出降，不战而屈人之兵，降众跟随大军前往盛京。

多尔衮是在此际得到的"传国玉玺"吗？应不是。《清实录·太宗文皇帝实录》卷二四：

> 庚辰，出师和硕墨尔根戴青贝勒多尔衮……等征察哈尔国，获历代传国玉玺。先是，相传此玺藏于元朝大内，至顺帝为明洪武帝所败，遂弃都城，携玺逃至沙漠，后崩于应昌府，玺遂遗失。越二百余年，有牧羊于山冈下者，见一山羊三日不啮草，但以蹄跑地，牧者发之，此玺乃见。既而归于元后裔博硕克图汗，后博硕克图为察哈尔林丹汗所侵，国破，玺复归于林丹汗。林丹汗亦元裔也。贝勒多尔衮等闻玺在苏泰太后福金所，索之，既得，视其文，乃汉篆"制诰之宝"四字。璠玙为质，交龙为纽，光气焕烂，洵至宝也……

庚辰，为八月三日，距收降之日已过去三个月有余。多尔衮奏章称："天锡至宝，此一统万年之瑞也！"如果当时便收缴到这块宝玺，四贝勒应会即刻呈报，上达皇太极。

据所能看到的记载，多尔衮等不仅没有飞骑驰报这一重大喜讯，甚至没有直接还兵。是没当回事儿？是路远不便？还是宝玺尚未到手？以第三种可能最大。其实皇太极在五月二十七日即收到多尔衮派员呈送的捷报，详述收服察哈尔的过程，不厌其烦地列举归顺的王室成员和臣属名单，自然也不会遗落察哈尔奉献的各类宝物，如"驼、马、雕鞍、貂裘、琥珀数珠、金银、彩段等物"。奏报中只字未提宝玺之事，理由只有一个——宝玺尚未到手。

察哈尔的屈服，大约让贝勒们觉得不过瘾，便于归程往明朝边境大肆劫掠，"自平鲁卫入朔州，直抵长城，又经宁武关、代州、忻州、崞县、黑峰口、应州，而复还平鲁"，真可称入无人之境啊！宣大密迩京师，向称明朝的军事重镇，此际竟如此不堪。而多尔衮以九千部卒（岳托因病，分兵一千驻守归化城），又挟带着察哈尔王室和族属，不是直接东向还兵，却要南下袭扰劫杀，一次出征非要有多重收获，那份军事上的自信与恣纵，亦让人慨叹。

正是在大军凯旋的过程中，多尔衮等得悉了有关"传国玉玺"的消息，逼迫苏泰太后交出了这块"制诰之宝"。

## 二、皇太极隆重迎接宝玺

对于皇太极，祛除肘腋之患本在计划中，得到"传国玉玺"则属意料之外。他决定隆重出迎，甚至渡过辽河，远迎到一百多里之外的阳石木。九月六日，皇太极率皇后诸妃、大贝勒代善及众贝勒众大臣亲迎凯旋大军。实录记载：在御营南冈事先筑好的坛下，凯旋诸贝勒以毡案置放玉玺，引领部将列阵跪拜；正黄、镶白两旗主举案趋前，至坛虔敬呈献；皇太极亲自捧起玉玺，拜天行礼，传谕左右曰："此玉玺乃历代帝王所用之宝，天以畀朕，信非偶然也！"接下来是多尔衮、岳托等依次向前跪拜抱见，然后轮该苏泰太后、额哲和一众察哈尔降臣。满蒙各部落贵族多娶且联络有亲，彼此的辈分常常是一笔乱账，以已故叶赫贝勒金台石论，皇太极为亲外甥，苏泰太后则是亲孙女，于是这一受降仪式又显得亲情络绎。

喜得玉玺的影响在受玺仪式后持续发酵，尤其那些在后金任职的明朝降将表现积极。都元帅孔有德自前线送来奏章："自古受命之主必有受命之符，昔文王时凤凰鸣于岐山，今皇上得传国宝玺，二兆略同。此宝实非寻常，乃汉时所传，迄今两千余年。

他人不能得，惟我皇上得之……"同一天还收到总兵官耿仲明上疏："天赐宝玺，可见天心之默佑矣。惟愿蚤正大统，以慰臣民之望。"至此，这块玉玺已被渲染为"历代传国玉玺""历代帝王之宝""镇国传世之宝"和传承两千余年的汉代宝玺。果真如此吗？不。

## 三、宝玺不应是元顺帝遗落之物

此玺当然是一块分量很重的皇家玺印，它的真实出处和流播过程都很值得研究。但由于政治目的，一出场便被添加了太多的祥符色彩。

首先它不应叫做传国玉玺。传国玺者，一般特指秦始皇时所制"受命于天，既寿永昌"宝玺，用蓝田白玉，一说用和氏璧，李斯书篆。秦亡，子婴献于刘邦，与那柄斩白蛇起义的剑并称汉家二宝，所谓"玺剑"是也。后来此玺与时隐现，演绎了一连串的历史故事，也衍生出"受命于天，皇帝寿昌""受天之命，既寿永昌"等不同版本的仿品，各有起讫，事详《万历野获编·秦玺始末》。明清两朝仍有上献传国玺之事，当时帝王都没太当回事儿。

其次，孔有德称其传自汉代，属附会之浮辞。《文献通考》载汉代除传国玺外，继承了秦始皇创制的"乘舆六玺"（皇帝之玺、皇帝行玺、皇帝信玺、天子之玺、天子行玺、天子信玺），且秦汉以至于隋皆称为"玺"，未见以"宝"名之者。唐朝武后间"改玉玺为宝"，略经反复，至玄宗天宝十载（751）定制"天子八宝"，除神宝、受命宝之外，其他与汉六玺名色相同。降至两宋宝玺，旁及各少数民族政权，城头变幻大王旗，尚未见谁家皇玺中有"制诰之宝"的记述。

哪一个王朝没有祥瑞故事？又哪一个祥瑞故事不充斥着荒诞夸张呢？那只执著的山羊显然有几分怪异，而将玉玺的价值极度夸张，更是当事者所乐见乐为。这颗偶然被发现的玉玺，既不是严格意义上的传国玺，也不宜宽泛名之为传国玉玺（如秦汉"乘舆六玺"、唐"天子八宝"），是不是元顺帝宫中旧物，亦颇有几分可疑。《元史·舆服二·崇天卤簿》中"金吾援宝队"项下，详述八宝之排列，仅以"传国宝"代替"神宝"，其余与汉唐无异。史载元顺帝当仓皇溃败之际，阳翟王阿鲁辉帖木儿向他讨要国玺，愿代以支撑危局，顺帝以"天命有在"拒之。而在那个逃离大都皇宫的黑夜，他也没忘携带帝国的象征——宝玺，甚至还带走了元宫收藏的前朝玉玺。

明洪武三年（1370）四月，饱尝皇位艰辛的元顺帝病逝于应昌，这是一个距上都开平（时已为明军残破）不远的小城，徘徊不去，想见其仍抱着复国的梦想。明左副将军李文忠不久即引兵杀至，元室的皇孙、后妃、诸王和众大臣多被擒获，大元宝玺随此一役没入明宫。仅数十骑从皇太子脱逃，惊惶之下怕也只顾性命，一直逃到遥远的和林。

今未见元朝宝玺的实物流传，然以清朝玺文体式推想，大约也不会只用汉字。元代设蒙古翰林院，"掌译写一切文字，及颁降玺书，并用蒙古新字，仍各以其国文字副之"，可证其对蒙古文的重视。而《隋唐以来官印集存》中录元"皇帝之宝"，玺文由八思巴文、汉语、梵文组成。"制诰之宝"不见诸历朝宝谱，也未被列入元朝宝玺，顺帝或臣属又怎会独独将此玺埋于草丛呢？

## 四、关于玉玺来历的推测

这块被称为传国玉玺的"制诰之宝"，究竟来自何方？

笔者推测应是大明宫中之物。因为只有在明朝前期"十七宝"和嘉靖后增补的"二十四宝"中，始有"制诰之宝"的明确列入。我们看清廷收藏的明代玺印，中有一枚"制诰之宝"，玺文结体，行款格范，与此玺颇为相似。

明朝统治仍在，明朝宝玺怎么会到了察哈尔王室？看似不可能，其实也有一些途径。皇帝亲征或出巡，例以国宝随行，以示隆重，以便钤用。而土木之变，连明英宗都成了蒙古瓦剌部的俘虏，诸宝中有些也难免流入大漠，辗转传接，最后到了一度强盛的林丹汗手中。山羊的传说果有几分实情，埋宝者或也是跟随英宗，被裹挟着在蒙古草原跑来跑去、跑了几乎一年的人。另外，明正德、嘉靖间宫中两次大火，说是御宝尽毁，或有太监乘乱下手，盗出个别御宝卖钱。明季宫禁虽严，漏洞也多多，玺印之丢失绝非一例。从宫中流出，当也有多种渠道。

象征皇权的宝玺，历来都有着明确的使用或不使用规定。皇玺系列中较晚出现的"制诰之宝"，用途主要为"一品至五品诰命"，与传国宝、受命宝诚不可相比，较之乘舆六玺的地位也差很多。然不管怎样说，它的确是一块出自皇宫的宝玺。皇太极和臣僚以此作为天命攸归的吉兆，大肆宣扬，积极筹备更新国号和改元。八个月后，皇太极更定国号为"大清"，改元"崇德"，新年号也隐隐见出"传国玉玺"的影子。崇德元年（1636）七月，清太宗册封庄妃，即钤用此宝。

越一百年有余，乾隆帝作《交泰殿宝谱序》，详细梳理此前清朝御宝的演进，保留了皇太极所用四宝，即"大清受命之宝""皇帝奉天之宝""大清嗣天子宝"（以上汉文篆书满文本字）及满文篆书"皇帝之宝"。而对其视为重宝的"制诰之宝"，却说"初不藉以为受命之符"，为之遮掩。通晓儒家典制的乾隆帝，大约也见出这一符瑞事件中的夸饰与荒唐。

## 作者简介

卜键，1955 年生，江苏徐州人。文学博士，研究员。现任国家清史纂修领导小组办公室主任、国家清史编纂委员会常务副主任。为中国艺术研究院特聘教授，享受政府特殊津贴。已出版《从祭赛到戏曲》《传奇意绪》《嘉靖皇帝传》《绛树两歌》《双舸榭重校评批金瓶梅》等著作 10 余种，主编《元曲百科大辞典》等，发表论文及其他文章百余篇。

# "太后下嫁疑案"辨证

## 王思治

孝庄文皇后，姓博尔济吉特氏，名布木不泰，蒙古科尔沁部。天命十年（1625），与太宗皇太极成婚，育有三女，后封永福宫庄妃。崇德三年（1638）正月，生皇九子福临（顺治帝），福临即位后尊其为皇太后。死后谥"孝庄"，因皇太极谥"文皇帝"，故史称孝庄文皇后。

## 一

顺治五年（1648），太后是否下嫁多尔衮，成为清初一大疑案。

野史、演义大肆渲染太后下嫁，如《清朝野史大观》《多尔衮轶事》《清朝通俗演义》《清宫秘史》等等。其中有些描绘的情节荒诞离奇，多属无稽之谈。

然而，太后下嫁之事，在当时已有史文述及，见于清初著名抗清志士张煌言的《建夷宫词》：

上寿觞为合卺尊，慈宁宫里烂盈门。

春官昨进新仪注，大礼恭逢太后婚。

诗的意思是太后所居慈宁宫成为大婚新房，礼部尚书（春官）制订了太后大婚的典礼（新仪注），大礼十分隆重。张煌言以当时人述当朝事，因此，《建夷宫词》成为主张皇太后下嫁说的重要依据。

认为太后下嫁确有其事的又一主要证据是多尔衮由"皇叔父摄政王"改称"皇父摄政王"。尤其值得注意的是，顺治七年（1650）十二月初九日，多尔衮猎于古北口外，死于喀喇城。顺治帝诏曰："太宗文皇帝升遐之时，诸王大臣拥戴皇父摄政王，坚持推让，扶立朕躬。"诏书中，顺治帝口称多尔衮为"皇父"。然而，仅两个月后，顺治八年二月初十，便追论多尔衮生前谋逆。顺治帝诏曰：多尔衮"自称皇父摄政王"，"凡批票本章，概用皇父摄政王之旨，不用皇上之旨"，成为多尔衮"谋篡大位"的铁证之一。

既然顺治帝称多尔衮为"皇父摄政王"，而多尔衮亦自称"皇父摄政王"，以"皇父"自居，如是，则顺治帝视生时的多尔衮俨然有如继父。

主张太后下嫁所据之又一证据是朝鲜史料记载。顺治六年（1649）二月，清廷派使臣赴朝鲜递交国书，朝鲜国王李倧见书中称多尔衮为"皇父摄政王"，问道："清国咨文中有皇父摄政王之语，此何举措？"清使答："今则去叔字，朝贺之事，与皇帝一体云。"朝鲜右议政郑太和说："敕中虽无此语，似是已为太上矣。"国王李倧曰："然则二帝矣。"朝鲜君臣视"皇父"为"太上（皇）"，已隐然指太后下嫁。

太后下嫁的又一重要证据是《清世祖实录》中的以下一条史料。

顺治十七年（1660）十二月，顺治帝乳母李氏病逝。顺治帝谕礼部："追封恩恤，宜从优厚，尔部即详察典例，确议具奏。"对乳母之死如此重视的原因，在谕旨中有具体说明：顺治帝出生后由乳母李氏抚视哺育，李氏尽心奉侍，"诸凡襁褓殷勤，无不周详恳挚"。此其一。更重要的是，谕旨中有如下说词：

"睿王（多尔衮）摄政时，皇太后与朕分宫而居，每经累月，方得一见，以致皇太后萦怀弥切。乳母尽心力，多方保护诱掖，皇太后惓（quán，恳切）念慈衷，赖以宽慰。即读书明理者，未必过是。此其贤德，今昔罕闻。"

此谕旨可谓话中有话而未明言。因为太后所居慈宁宫，皇帝所居养心殿，都在紫禁城中，多尔衮摄政时，母子二人何以"每经累月，方得一见"？这与张煌言所说慈宁宫已成为太后大婚的新房是否有关系？再证以蒋良骐《东华录》之如下记载：

"（多尔衮）自称皇父摄政王。又亲到皇宫内院以太宗文皇帝之位原系夺立，以挟制皇上。"

既然有慈宁宫已成为太后大婚新房之说，多尔衮以皇父自居，亲到皇宫内院，倘若张煌言所言不诬，则太后下嫁之事似甚明白。若然，顺治帝诏书中所说，太后母子二人虽同居紫禁城，因睿王摄政，累月才得一见，以致太后念子心切，衷心萦萦，难以释怀，而又无可奈何，便不难索解了。而多尔衮肆无忌惮，骄横跋扈，公然藐视小皇帝而挟制之，也由"自称皇父摄政王"一语可以得解。

康熙二十六年（1687）十二月，孝庄文皇后病逝，年七十五。临终时，遗命康熙帝，自己不与太宗皇太极合葬，于顺治帝孝陵近地安厝。康熙帝侍奉祖母太皇太后至孝，然而，终康熙之世，未将祖母灵柩下葬，在遵化清东陵地面上安放了38年，直到雍正三年（1725）才建陵安葬，称"昭西陵"。清东陵风水墙内，葬有5个皇帝，14个皇后，136个嫔妃，唯独"昭西陵"在风水墙外，也使人联想到是否与下嫁有关。

# 二

孟森《太后下嫁考实》一文，以精审考订，力辩太后下嫁之有关证据不足取信。

张煌言："春官昨进新仪注，大礼恭逢太后婚。"孟森说："虽言之凿凿矣，然远道之传闻，邻敌之口语，未敢据此孤证为论定也。"张煌言"仅凭口耳相传"，作诗之时"兴到挥洒，不负传信之责"，并无一字可据之孤证，是不能作为补史之文的。

多尔衮称"皇父"。孟森说："父之为称，古有'尚父'、'仲父'，皆君之所以尊臣，仍不能指为太后下嫁之确据。""皇父摄政王"是由报功而来，以崇功德，非由渎伦而来，"实符古人尚父、仲父之意"。

"春官昨进新仪注"，文人学士谓太后大婚典礼，由礼部尚书钱谦益，上表领衔。孟森考订，顺治二年五月，豫王多铎定南京，谦益迎降，至京候用。三年正月，命以礼部侍郎管秘书院事。六月，以病乞假，获准，回籍。钱谦益并非尚书，而是侍郎。故"春官昨进新仪注"谓由钱谦益以尚书领衔，乃明显之误。

孟森认为"'亲到皇宫内院'一句最可疑。然虽可疑，只可疑其曾渎乱宫廷，绝非如世传之太后大婚"。

太后死后不与太宗合葬不能成为太后下嫁之根据。因太宗昭陵已有孝端皇后合葬，孝庄为第二后。孟森说："第二后之不合葬者，累代有之。"康熙、雍正、乾隆、嘉庆、道光、咸丰诸帝之第二后均不合葬。故太后不与皇太极合葬，"不能定为下嫁之证"。

总之，"太后下嫁之证无有，而旧时所以附会其下嫁者，皆可得其不实之反证"。清朝官书既无太后下嫁"颁诏告谕之文",孟森再求证于朝鲜《李朝实录》,经搜检,"固无清太后下嫁之诏"。因此,太后下嫁"确证其无此事"。

《太后下嫁考实》定稿后,孟森送给胡适阅看。胡适回信,认为"'皇父'之称似不能视为与'尚父'、'仲父'一例",故"终未能完全解释'皇父'之称之理由"。而以《李朝实录》中所记朝鲜君臣与清使的问答,"似仍未能完全证明无下嫁之事,只能证明在诏敕官书与使节辞令中无太后下嫁之文而已"。胡适自称绝非轻信传说,认为"皇父"之称自是史实,后之史家只能说"摄政王确改称'皇父',而民间有太后下嫁之传说,但无从实证了"。

孟森作书答胡适说:"既以皇父之称诏天下,如果因得婚太后之故以自尊异,则必以太后下嫁明告天下。"如此,"皇父"之称乃"有其实故据其名","惟其无下嫁之事,则坦然称皇父以仲父、尚父自居。"论断太后"既未下嫁,亦既并无暧昧之事"。

孟森之后,有关发现"太后下嫁诏书"的信息最早见载于1947年1月28日《中央日报·文史周刊》第35期。该期刊登了刘文兴所撰《清初皇父摄政王多尔衮起居注跋》一文,披露其父刘启瑞在宣统初年发现了"太后下嫁诏书":

"清季,宣统初元,内阁库垣圮,时家君(刘启瑞)方任阁读,奉朝命检库藏。既得顺治时太后下嫁皇父摄政王诏,……遂以闻于朝。"

宣统元年(1909),内阁侍读学士刘启瑞见过"太后下嫁诏书",并奏闻朝廷。后来,熊克撰《清初〈皇父摄政王起居注〉原本题记》一文,亦曾引《皇父摄政王起居注》(藏四川师范大学图书馆)书后刘文兴撰写的跋。

倘若真有此诏书（清官书不见记载），则太后下嫁可铁证定案。然而，至今尚未闻另有人见过此诏书。"太后下嫁诏书"不面世，或者有可信证据证明刘启瑞向朝廷奏闻后已被销毁，"太后下嫁"或终将在两可疑似之间。

<h2 style="text-align:center">三</h2>

笔者认为，胡适已然对孟森的有关考证存疑，设若将"大礼恭逢太后婚"，"自称皇父摄政王。又亲到皇宫内院"，"睿王摄政时，皇太后与朕（顺治帝）分宫而居，每经累月，方得一见"三条史料连缀成文阅看，其文意叙述太后下嫁通晓清楚，以此钩沉史实，或可拨开疑云迷雾，太后下嫁似应有其事。兹再说明如次：

多尔衮"代天摄政"，"关内外咸知有睿王一人"。明臣之降清者，"只知有摄政王"，心目中已无皇帝。当多尔衮入朝时，"诸臣皆跪"，臣工奏事，尊之为"上"，每有赏赐则曰"钦赐出自圣恩"，有如帝尊。多尔衮宣称："若以我为君，今上（顺治帝）居储位，我何以有此病症。"公然表露觊觎帝位之意。更有宗室巩阿岱等"阴谋劝进"。郑亲王济尔哈朗忧心忡忡，说："皇子即帝位，更复何言，惟以他人篡夺为忧。"摄政王篡位的阴影笼罩着帝座。太后与小皇帝，孤儿寡母，怎能与摄政王抗衡？聪明睿智的太后，曾经"佐太宗文皇帝，肇造丕基"，在清朝开国过程中表现出卓越的政治智慧与才能。既然多尔衮扬言"以今上居储位"。太后委曲求全，下嫁摄政王，福临便成继子，以保顺治帝位，看来是不得已的抉择。母子因此累月才得一见，太后思子弥切，终日系念，也只有靠乳母护视小皇帝，才稍感宽慰。

并非基于感情，而是险恶政局促成的太后下嫁，在多尔衮死后，立即以"自称皇父摄政王"等罪名，追论其生前谋逆。平毁其坟墓，将尸体挖出，砍去脑袋，鞭尸示众。这亦可反证宫闱斗争之残酷，太后为保顺治帝帝位而嫁。所以，当康熙帝8岁即位，太后决定改变"从来国家政务，惟宗室协理"的祖制，不再用宗室近支亲王摄政，改用皇帝自将的具有主奴身份的上三旗元老重臣辅政，就是鉴于多尔衮对皇权、皇位的严重威胁。

## 作者简介

王思治，1929年生，四川省自贡市人。中国人民大学教授。主要著作有：《清史论稿》《清代通史·康熙卷》《康熙大帝》《康熙事典》《避暑山庄与外八庙》等，并主编《清代人物传稿》上编第一、三、五、八卷等。

# 雍正帝匡正康熙朝晚期弊政

徐雪梅

康熙帝为政崇尚"宽仁"，其执政后期吏治渐呈松弛之势，贪污贿赂、瞒上欺下等恶劣现象频现。他对相关案件的宽纵态度，又助长了官场中贪风的蔓延，使本已相当严重的钱粮亏空问题积重难返。所谓"亏空"，就是指各地督抚拖欠应上缴给国家的赋税、钱粮，以致国库空虚。吏治关乎社会稳定，钱粮关乎物质保障，是国家兴亡的头等大事。康熙帝去世后，历史把这些问题留给了其后继者——雍正帝。

雍正帝早先随侍其父左右，经常奉命办理事务，积累了丰富的执政实践经验。他目光敏锐、处事果断，45 岁即位，与少年皇帝相比，各方面都更加成熟。在整顿吏治与解决钱粮亏空的问题上，雍正帝即位伊始就指陈方略，显现出新一代君主的朝气、强势和相当高的执政能力。

## 整顿吏治

雍正帝洞悉康熙朝时弊，在继承其父为政方略的同时，因时制宜，做出新的调整与决策。他深知历代治国，首重吏治，故即位伊始，就从整顿吏治入手。雍正元年（1723）元旦，雍正帝向各省总督、巡抚及各州县官，下发了由他亲笔书写的上谕，告诫各级官员要忠于职守，并特别强调他严格澄清吏治的治国思想。之后，他通过表彰、重用廉臣和从严打击贪官两个方面整顿吏治。雍正帝逐步纠正了康熙朝末期因"宽仁"而造成的吏治松弛问题，阻止了官场中贪风的滋长和蔓延。其中，雍正帝重用鄂尔泰、田文镜等人，就是表彰与重用廉臣的典型事例。

鄂尔泰，满洲镶蓝旗人，由内务府郎中（正五品）累升至封疆大员。雍正帝对他甚为赏识，称他是"朕之奇臣"。他任云南巡抚时，云南、贵州等地的少数民族地区实行土司统治制度。鄂尔泰上奏用兵平乱，改为由中央政府派官的流官制度，实行改土归流。但部分大臣认为如此将引起西南各省战争，并非初政君王的"安边之道"。雍正帝力排众议，最终采纳了鄂尔泰的建议。鄂尔泰感激雍正帝知遇之恩，亲自督军鏖战，最终大获全胜，消除了西南边疆的一大隐患。对此，雍正帝情真意切地对他说："朕实感激矣，不知如何待卿而后心安。"（钱仪吉：《碑传集》）鄂尔泰为人刚正不阿，对上敢于犯颜直谏，从不隐讳；对下勤政爱民，能够接受属官直言，深受雍正帝重用与信任，成为雍正朝的股肱之臣。

田文镜，汉军正黄旗人。雍正元年，山西大灾，但巡抚德音隐瞒荒情，未行赈济。田文镜时任内阁侍读学士（从四品），奉命祭告华山，回京复命时，将山西荒歉情况毫无隐晦，如实上奏。雍正帝有感于他乃"忠国爱民"之臣，遂令其办理当地赈灾事务。田文镜不辱使命，圆满完成任务，雍正帝即升调其任山西布政使（从二品）。后因河南诸事废弛，又调其为河南布政使，不久成为河南巡抚。在山西，田文镜将历年积欠亏空逐一清理，吏治焕然一新；在河南，他整饬河工，巩固堤岸，连续三年丰收，雍正帝称赞当地"吏治民风之善，实为直省第一"。雍正帝对田文镜的能力深信不疑，认为"以田文镜之精神力理，办理两省之事，绰然有余"（《清世宗实录》），因此还为田文镜专门设立了一个官职——河南山东总督，管理二省事务。雍正帝还特别强调：该职乃"因人设立之旷典，不为定例"。

此外，还有孙嘉淦、李卫等人，皆由微末起用，成为雍正朝重臣。他们忠心为国，刚正不阿，果敢直言，实心任事，勇于为皇帝分忧解难。雍正帝对其重用并优待，也是希望满汉官员效法他们，以正官风。

在积极倡导文武百官为政清廉的同时，雍正帝严厉打击那些贪赃枉法、侵吞公帑的官员。对隆科多、年羹尧的处理，虽说是政治斗争的结果，但客观上对于打击贪污腐化之风也有着巨大的震慑力。这两人在雍正帝即位之初，曾是宠极一时的重臣。隆科多是雍正帝的舅舅，因有拥戴之功，被任命为总理事务大臣主持内政。文武百官若在奏本中提到他，均需尊称为"舅舅隆科多"。年羹尧是雍邸旧人，在雍正帝即位后受命赴甘肃，钳制康熙帝十四子、抚远大将军允禵。后年羹尧被授为川陕总督，并兼管甘肃军政。此二人一主内，一主外，堪称国家柱石，但他们自恃受宠，目无朝廷法纪，擅作威福。如年羹尧进京时，公卿大臣在广宁门（今广安门）外跪接，他骑马而过，毫不动容。两人甚至试图包揽官员选任的权力，把他们所选官员称为"佟选"（隆科多姓佟）、"年选"。二人不但在政治上触犯皇权，还在经济上大肆搜刮。年羹尧贪污、受贿，积累赃私巨万，还经营典当、贩卖马匹、木材等生意，所得不义之财不可计数。隆科多收受、搜刮所得赃款亦盈千过万。雍正帝对这些行径深恶痛绝，决定依法惩治，以儆效尤。雍正二年，他在河道总督齐苏勒奏折上批道："近日隆科多、年羹尧大露作威福、揽权势光景，朕若不防微杜渐，此二臣将来必至不能保全。"（《世宗宪皇帝朱批谕旨》）最终年羹尧因有平定青海之功而免于极刑，令其自裁；隆科多免处死，改为在畅春园外附近空地造屋三间，永远禁锢。对朝廷重臣尚且如此，遑论其他！雍正帝对二人的惩罚，起到了杀一儆百的作用。

雍正帝雷厉风行、赏罚分明的为政风格，给政坛带来了一股新鲜的活力，也鼓舞了文武百官为其忠心效力。除行政手段外，雍正帝还通过教育、训诫等方式，使文武百官向善向廉。经过数年整顿，康熙朝末期松弛、颓废的官风为之一变，大多数官员都能奉公守法、廉洁自持，尤其是地方官较为清廉，使得百姓免受其害，社会得以安定。

## 整顿财政

清理钱粮亏空，是雍正帝关注的另一重大问题。他即位不到一月，就将此事提上日程。雍正帝认为钱粮亏空的主因是上司勒索与官员自身侵贪，这一判断切中要害。据此，他向各级官员发出警告，要求不得苛派民间，限期完结亏空，否则从重治罪。

之后，雍正帝又成立了专司审查钱粮奏销的机构——会考府，由其亲信怡亲王允祥主持。原来各部院动用钱粮，俱系自行奏销，会考府设立以后，需由其审核通过方可奏销，若有问题，则驳回改正；严重者，立即参奏。同时，他还令允祥管理户部三库，以整顿财政。

除此之外，雍正帝还加大对亏空钱粮官员处分的力度。他一改其父的纵容态度，凡亏空钱粮者一律革职，并由本人负责归还。雍正二年八月，雍正帝鉴于相关案件量刑过轻，加重处罚："那（挪）移一万两以上至二万两者，发边卫充军；二万两以上者，虽属那（挪）移，亦照侵盗钱粮例拟斩。"对因贪污、勒索而造成亏空的官员，雍正帝毫不留情，凡有犯者即革职抄家，用其家产赔偿亏空。他特别设置了一个封桩库，"凡一切赃款羡余银两，皆贮其内，至末年至三千余万，国用充足。"经过多年努力，康熙朝遗留的亏空基本追缴完毕。各级官员也大受威慑，不敢轻易以身试法。

除整饬朝纲、清理亏空外，雍正帝还进行了废除贱籍、摊丁入亩、开放洋禁等政治革新，并注意综核名实，罢不急之务，以体恤民力。虽然在位仅 13 年，但他承前启后，继往开来，不但使康熙帝开创的盛世发展到一个新高度，还为后继者执政铺平道路，给乾隆朝的辉煌奠定了基础。

## 作者简介

徐雪梅，女，1981 年生，辽宁大连人。南开大学历史学博士。现为沈阳大学人文社会科学研究中心讲师。在《齐鲁学刊》《安徽史学》《北方文物》等刊物发表论文多篇。

# 雍正帝的"大一统"观

## 衣长春

　　"大一统"是儒家的一个核心政治理念，最初见于《春秋公羊传》对《春秋》所言"王正月"的解读："何言乎王正月？大一统也。"以正月为一年之开端，周文王向天下发布政令，这就是天下皆一统于文王，政教归于一。"大一统"的意思就是"以一统为大"，也就是《礼记·坊记》中所说的"天无二日，土无二王"。"大一统"思想中本包含着"华夷之辨"，也就是居于中原的华夏人即汉人所建政权及其文化是正统的、先进的，而聚集于边疆地区的夷狄即各少数民族所建政权及其文化是落后的。因此，华与夷要严格区分，即所谓"夷夏之防"。

　　清廷在处理民族问题的过程中，破除传统的"大一统"旧观念，注入其新的思想观念。入关前，皇太极曾说，各个民族"譬诸五味，止用酪则过酸，止用盐则过咸，不堪食矣。唯调和得宜，斯为美耳"（《清太宗实录》）。意思是政权建设应讲求民族多样性，只有"调和"各民族的利益，融合各民族的长处，才会形成"美味"。

　　入关后，顺治帝面临统一全国的政治形势，对于民族问题有比较清醒的认识，称："历代帝王大率专治汉人，朕兼治满汉。"在一次殿试中，顺治帝出了这样一道题目："欲定天下之大业，必一天下之人心。……今如何为政，而后能使满汉官民同心合志欤？"这充分反映了顺治帝"人心一方能天下一"的治国理念。

康熙三十年（1691），康熙帝与喀尔喀蒙古各部会盟，实现对该部的真正统一。之后，康熙帝自信地说："昔秦兴土石之工，修筑长城。我朝施恩于喀尔喀，使之防备朔方，较长城更为坚固。"不久，有人奏请修复损毁的长城，康熙帝特颁谕旨，说："守国之道，惟在修德安民，民心悦，则邦本得，而边境自固，所谓众志成城者是也。"康熙帝追求构建"众志成城"的人心长城，反映出他在治国理念上的博大胸襟。

雍正帝在继承前人民族观念的基础上，提出了新的"大一统"观。雍正六年（1728），发生了曾静谋反案。湖南秀才曾静，在阅读明末清初思想家吕留良论夷夏之防及井田、封建等的文章后，为其激烈的民族情绪所感染，遣其徒投书策反川陕总督岳钟琪。次年，又发生了陆生楠诽谤朝政案。被充军新疆的广西举人陆生楠在流放期间，作《通鉴论》十七篇，包含一些针对时政的内容，被以"诽议时政"的罪名斩于军前。

在这两起案件中，曾静、陆生楠等分别提出了夷夏之防、废郡县、行封建等内容，对清政权的稳定造成威胁。为此，雍正帝频频颁布谕旨对其观点进行驳斥，还将曾静案的相关谕旨及供词刊刻成书颁行天下，命名为《大义觉迷录》。通过对相关问题的批驳，雍正帝提出了新的"大一统"观。概括起来，有以下几个方面。

1. 有德者统天下

吕留良著述中有这样的言论："德祐以后，天地大变，异古未经，于今复见。"这里所说的"天地大变"，是指南宋德祐二年（1276）元军攻破临安城，俘获宋恭帝而言。他的弟子们也说："八十余年以来，天昏地暗，日月无光。"认为清入主北京与

"德祐之变"的性质是一样的，对清朝的正统性提出质疑。对此，雍正帝认为，有德者统天下，"皇天无亲，惟德是辅"；清朝取代明朝实现了国家一统，是有德的反映，因而其统治是符合天理的。

2. 各民族为一家

吕留良提出"德祐之变"，体现的是"华夷之辨"，也就是视满洲为夷狄，取得政权为非法。这种思想是将地域作为划分野蛮与文明的标准。按照这种标准，满洲兴起于东北边疆，便属于落后的民族；清朝统一中国，也就成了"夷狄变华夏"。雍正帝从三方面予以反驳：一是认为"本朝之为满洲，犹中国之有籍贯"。也就是说满洲仅仅是一个地理概念，犹如籍贯，而不是民族、文化优劣的标识。他还举例称："舜为东夷之人，文王为西夷之人，曾何损于圣德乎！"二是认为"夷狄"指的是未与中原地区发生密切联系或未被统一地区的民族，且属于历史概念。如三代以上的苗、荆、楚等，即今湖南、湖北等地，在今天当然不能再称其为"夷狄"。三是认为华夷之说多盛行于国家分裂时期。如晋宋六朝时期，不同政权间彼此诋毁，以致北人称南为"岛夷"，南人指北为"索虏"。而在当前"天下一统""华夷一家"的局面下，又怎么能妄分中外呢！

雍正帝的上述思想，在《大义觉迷录》中占有重要篇幅，反映了雍正帝的"大一统"观念。从历史发展趋势看，清朝的建立对中国社会的发展以及边疆的统一确实起到了推动作用。

3. 坚决推行郡县制

陆生楠在《通鉴论》中表达了赞同封建、反对郡县制的观点，称"封建之制，古圣人万世无弊之良规，废之为害，不循其制亦为害，至于今害深祸烈，不可胜言，皆郡县之故"。陆生楠所说的封建模式，是指周代的天子分封制，通过宗法制度来建立中央与地方的关系。郡县制自秦统一后开始推行，它有利于加强中央对地方的管辖，其优越性远胜分封制。陆生楠在雍正时期倡导封建论，反对郡县制，显然与中国的历史发展趋势是相悖的。对此，雍正帝认为，封建也好，郡县也好，只要符合当时的社会发展状况，便是好的。"盖三代以前，诸侯分有土地，天子不得而私，故以封建为公；秦汉之后，土地属之天子，一封建便多私心，故以郡县为公。"（《清世宗实录》）这种观点是符合历史发展趋势的。那么，为什么"大一统"是历史发展大势所趋呢？雍正帝认为，春秋战国时期，天下大乱，人心思定，故孔子说："天下有道，则礼乐征伐自天子出。"孟子说："天下恶乎定？定于一。"孔孟的话道出了中国大一统历史潮流的先声。秦统一六国后，设立郡县制，取代分封制，中国政治大一统的局面开始形成。雍正帝坚持郡县制，就是坚持中央对地方的管辖，也就是坚持国家的统一。但在具体落实过程中又是灵活的。比如，他在西南地区推行改土归流，在西藏地区设立驻藏大臣等。

4. "中外一家"之"大一统"

与传统的"大一统"观相比，雍正帝的"大一统"观视野更加宽广。他提出有德者得天下，中原与边疆民族为一家，认为中原地区的统一自秦推行郡县制开始，塞外蒙古地区的统一自元朝开始，而实现天下一统、中外一家的"大一统"则是清朝完成的。正所谓："中国之一统始于秦，塞外之一统始于元，而极盛于我朝。自古中外一家，幅员极广，未有如我朝者也。"

如上所述，"大一统"思想是儒家政治文化的核心内容，但它包含"华夷之辨"的消极内容，有明显的局限性。清统一全国后，倡导天下一家，为"大一统"思想的进一步发展扫清了障碍。曾静案和陆生楠案发生后，雍正帝系统地阐述了他的"大一统"思想，这是对儒家"大一统"思想的进一步发展。雍正帝及其后继者较好地处理了内地与边疆的关系，推进满汉及各民族的融合，稳固了清朝对全国的统治，推动了中国统一多民族国家的发展。

## 作者简介

衣长春，1974 年生，黑龙江人。历史学博士。河北大学历史学院副教授，研究方向为清史、中国古代文化史。

# 乾隆朝的"彭家屏案"

## 刘文鹏

    乾隆朝曾有一起"彭家屏案",长期以来一直被当做单纯的文字狱,但实际上,此案背后有着深刻的政治背景。

    乾隆二十二年(1757)正月,乾隆帝南巡路过位于苏鲁豫皖交界处的江苏徐州,已致仕(退休)的前布政使、河南夏邑籍官员彭家屏前来见驾。乾隆帝向他询问百姓生活状况,彭家屏奏报,上年秋天河南夏邑、商邱(今商丘)、虞城、永城等四县遭受严重水灾,百姓生活困苦,而河南巡抚图勒炳阿瞒报灾情,百姓无法获得赈济。乾隆帝不以为然,认为彭家屏只是在发牢骚。他向图勒炳阿询问有关情况,后者坚决否认。乾隆帝让他带彭家屏到夏邑等地勘查后据实奏报,不久,图勒炳阿回奏说只是有些积水,并无大灾。

    乾隆帝并未深究,可他三个月后再回到徐州时,又有夏邑百姓张钦在路上拦驾叩阍(吏民因冤屈等直接向朝廷申诉),状告河南官员瞒报灾情。前不久乾隆帝视察徐州河工时,也曾发现当地受灾百姓"鸠形鹄面"。夏邑与徐州相距不远,乾隆帝想起彭家屏此前的奏报,于是派步军统领衙门员外郎观音保微服私访,勘查受灾状况。

    没过几天,又有夏邑人刘元德状告县官不称职,希望更换贤良。乾隆帝被接二连三的叩阍弄得很不高兴，怀疑背后有人指使，让人对刘元德严加审问。刘元德供认自己是受夏邑生员段昌绪指使，于是乾隆帝派侍卫成林前往查核。

成林去后，观音保回来了，他奏报说夏邑等四县已经连续四年收成不好，积歉已久，去年水灾尤重，百姓度日艰难，以至于卖妻鬻子。他还花四五百文钱买了两个孩子，并将卖身契呈上。乾隆帝大为震惊，认识到图勒炳阿匿报灾情的严重性，将他发往乌里雅苏台军营，自备资斧效力赎罪。夏邑、永城知县也被革职拿问。但乾隆帝在上谕中强调，处理此案不是根据彭家屏的报告，也不是因为张钦等人拦驾告状，而主要是他派人密访得知。如果将来有人效仿彭家屏等越级告状，挟制官长，一律严惩不贷。彭家屏并未得到奖励，反而很快身陷另一场大案之中。

成林到夏邑后，在段昌绪家搜出了吴三桂反清檄文一张，"阅其伪檄，则皆毁谤本朝之言，极其悖逆。而昌绪为之浓圈密点，加评赞赏，见者无不发指"（《清高宗实录》）。这就改变了案件的性质，民告官隐匿灾情变成了谋反大案，叩阍告状的百姓变成悖逆之人。前几天一直忙于惩治官员、赈济灾民的乾隆帝勃然大怒，立刻撤销了图勒炳阿的处分，让他查办此案，两个知县也官复原职。清朝政权的合法性是个极为敏感的问题，乾隆帝感到，反清思想仍然顽固地存在于民间，其严重性大大超过匿灾不报。

此时，乾隆帝将这些事都和彭家屏联系在一起，于是派直隶总督方观承会同图勒炳阿查抄彭家，看是否也有悖逆文书。为什么乾隆帝有如此想法呢？查阅彭家屏的官场经历会发现，乾隆帝对他的成见由来已久。

彭家屏是康熙六十年（1721）进士，授刑部主事，后逐渐升迁，任布政使达十四年之久，因善于处理繁难事务，颇有声名。

乾隆十四年（1749），江西巡抚出缺，由彭家屏护理。按当时官场惯例，他再升职也在情理之中，但直到退休，彭家屏一直辗转于江西、云南、江苏几省布政使之间。这期间有一件事，让乾隆帝对他的印象非常不好。

乾隆十六年，河南巡抚鄂容安奏报归德府缙绅抗粮不交，其中就有彭家屏家，而且其弟彭家植还打死佃户，隐匿不报。事发后，乾隆帝指示严加惩处，所有积欠加十倍处罚，彭家屏等被交吏部严议。虽然彭家很快将罚款缴清，彭家屏得以留任，但这件事让乾隆帝对他心生厌恶。彭家被描述为一个为富不仁的地方大族，家拥厚赀，田连阡陌，却凌虐细民，致死佃户，令乡里侧目，甚至仗势抗粮不交，带头与官府对抗，显然有恶霸之嫌。

乾隆十九年四月，彭家屏从云南布政使任上再次调任江苏布政使，乾隆帝知道多年得不到升迁的他肯定心怀不满，在他谢恩请训时专门告诫："一切尽心实力办理，不必猜疑。用汝繁剧之任者，以汝能办事也。汝既不能奈人何，人亦不能奈汝何。但自己信得及，恩怨置之度外可也。若有退缩顾望，转关求媚之意，则失之远矣。"乾隆二十年，两江总督尹继善以彭家屏年老不胜繁剧，请求勒令其退休。乾隆帝在上谕中说："彭家屏非不胜繁剧之人，只以为布政使最久，后于彼者皆至巡抚，心怀怏怏，不肯努力耳。"彭家屏终究以布政使之职悻悻致仕，几十年官场生涯就这样在郁闷中落幕。

当方观承等搜查彭家时，乾隆帝将彭家屏召至京城审讯，诘问他是否存有吴三桂伪檄。彭家屏开始极力否认，但在一再逼问下，终于承认自己家中藏有明末的几部野史，包括《潞河纪闻》《日本乞师》《豫变纪略》等书，后来又供出有《酌中志》《南迁录》及一些钞本小字书，都是记载明朝天启、崇祯年间政事的。乾隆帝立刻谕令侍卫三泰前往查取。三泰等人到夏邑时，河南布政使刘慥（zào）已经前往彭家，查抄了四十余箱衣物，可无论如何翻箱倒柜，也没找到彭家屏说的那几部书。三泰将此情况奏报，乾隆帝大为不悦，令其会同方观承等认真搜查，并要求对彭家屏的家人分别质询，同时命令他们前往归德，严加审讯彭家屏的儿子彭传笏，"速行据实呈出，尚有可宽之路；如坚执不认，即当照律缘坐，立行正法"。

不久，方观承奏说，刘元德供出：彭家屏见驾后，在乡里吹嘘朝廷赈济夏邑是自己的功劳，而彭家的家人、佃户，也都跟着在外张扬。刘元德等人听说后，才产生了叩阍的念头，还将呈词托人给彭家屏看过。方观承请求以此治彭家屏罪。乾隆帝则认为，"主使之罪轻，收藏逆书之罪重"，关键问题不在炫耀乡里，也不在唆使叩阍，而在于收藏明末野史。

同一天，乾隆帝收到追查审讯伪檄和野史的报告。段昌绪的逆檄是由一个叫司存存的人抄给的，司存存抄自司淑信，司淑信得自当地士绅郭芳寻，而郭芳寻已死，此外并无传抄之人。至于彭家的野史，彭传笏供称，听到段昌绪伪檄之事后，就赶紧查阅家中书籍，见有明末钞本等书，恐有违碍，没来得及检阅便概行烧毁。虽然没有看到这些书的内容，但乾隆帝判断："以彭家屏居心观之，则其所钞藏者，自系诋毁悖逆之词。"这些书是从哪儿来的呢？彭家屏供称得自徐乾学家。徐乾学是康熙朝大学士，顾炎武的外甥，以学问优长领袖士林，亦以文学见用于康熙帝，长期侍从南书房。这样的话牵涉面太大，而且都是几代人以前的事了。乾隆帝不再追究，将所有罪责都归到彭家屏等人身上。

这年六月，彭家屏父子被判斩监候，秋后处决，家产入官。段昌绪斩立决。不久，图勒炳阿再奏，彭家屏所刻族谱取名《大彭统记》，将彭氏一姓追溯到黄帝、颛顼（zhuān xū，传说中的上古帝王，为黄帝后裔）时期。这本是汉族士人炫耀出身的一种惯用手法，可乾隆帝认为，彭家屏身为臣庶，却自居帝王苗裔，尤属悖谬，而且在刻印时对皇帝的名字也不避讳，又属目无君上，大逆不道。罪上加罪，便不等秋后问斩，直接赐令彭家屏自尽。为表现自己的宽大仁慈，当彭传笏将被问斩时，乾隆帝则网开一面，免于勾决。

乾隆帝杀彭家屏，其来有自。他兴起文字狱，是认为彭家屏的政治立场有问题；抗粮事件的背后，则反映出彭家屏陷入了当时的满汉党争。奏报彭家屏抗粮不交的鄂容安是满洲重臣鄂尔泰之子，属于乾隆初年得势的新贵宠臣。乾隆帝在上谕中透露，彭家屏属雍正旧臣李卫一党，"乃李卫门下一走狗耳"。乾隆帝一直对李卫非常不齿，认为因李卫与鄂尔泰不和，才使得彭家屏经常参劾鄂尔泰、鄂容安父子。所以，彭家屏早已深深卷入当时政治斗争的漩涡中了。

## 作者简介

刘文鹏，1972 年生，河北宁晋人。历史学博士。中国人民大学清史研究所副教授，研究方向为中国古代政治史。著有《清代驿传及其与疆域形成关系之研究》，发表学术论文 10 余篇。

# 嘉庆朝两广总督吉庆自戕案的背后

## 朱诚如

　　清朝嘉庆七年（1802）十一月，在南疆重地广州，两广总督吉庆自戕（qiāng，杀害）案震惊了朝野。吉庆自戕身死场面之惨烈，世所罕闻。

　　吉庆，满洲正白旗人，出身官宦之家。父官至江宁将军，兼散秩大臣。其由官学生补内阁中书，历充侍读、御史、镶白旗蒙古副都统、兵部侍郎，外迁后历任山东、浙江巡抚。嘉庆元年（1796），擢两广总督，期间，以功加太子太保，命为协办大学士。吉庆镇守一方，廉名远播。广东时为中国最为繁华之区，于其地为官者，无不穷奢极欲，搜括明珠翡翠，珍奇宝玉，满载而归。唯吉庆，督粤数载，不名一钱。时人昭梿于《啸亭杂录》中，称吉庆为"温厚长者"，记载其住所"每于署中构屋三间，不采不琢，仅庇风雨。室中惟设长几一，椅十数，宋儒书数册而已，凡判事、见客、起居、饮食，无不于其室中，他屋皆封锁之"。其廉名为时人所称颂。

　　吉庆是在广东巡抚瑚图礼的巡抚衙门自戕身死的，案件自然和瑚图礼有关。瑚图礼与吉庆同属满洲正白旗，乾隆五十二年（1787）进士，历充检讨、侍读、祭酒，因于满洲科甲出身京堂翰詹考试中名列第一，奉命在南书房行走。其后，历任乡试考官、殿试读卷官、会试副总裁等。嘉庆五年（1800），调署广东巡抚，七年，实授广东巡抚。瑚图礼由科举致仕，理应儒雅识体，然其性情暴戾。其时官场流传一则笑话，说瑚图礼于某地任巡抚时，其下属进谒，以事受其训责。下属惶恐请罪，连称自己糊涂该死。谁知下属愈说糊涂该死，瑚图礼愈怒，厉声斥责该下属"糊涂又复无礼"，应受重责，这个糊涂的下属方知犯其名讳。一则笑话，见其性情。瑚图礼一莅广东巡抚任，便屡与吉庆争权。吉庆虽屡次宽忍不计，犹不能令其改弦更张。后又因吉庆秉公将广东太平关关税盈余归公，益遭其忌恨。瑚图礼心怀鬼胎，唯恐被吉庆奏劾，于是先发制人，密劾吉庆处理政务疲软不利等，并寻机欲将其置于死地。

机会很快就来了。嘉庆七年八月，广东博罗县添弟会（清初东南地区的秘密会党）起事，吉庆率兵前往剿办。在剿办期间，吉庆不断受到嘉庆帝诏责。起初，诏责其于屡次奏报中张皇冒昧，草率糊涂，著革去协办大学士；继而又指责其作为封疆大吏，平日不能率先预防，致添弟会起事，后又失之疏纵。既已失察于前，又复错谬于后，命解吉庆总督之任，交与瑚图礼及钦差大学士那彦成会同审讯，并命瑚图礼暂署总督之任。

吉庆对瑚图礼知之甚深，对即将到来的遭遇早有预感。其于奏折中禀告嘉庆帝，称"患病月余，恐瑚图礼作贱，惟愿病不能痊"。

是年十一月十九日，吉庆于惠州府回到广州。其时，那彦成尚未抵粤。瑚图礼在吉庆回广州的第二天，便迫不及待地传吉庆至巡抚衙门。吉庆出总督府时，吩咐家人将总督印信送巡抚衙门，又嘱家人将其家眷护送还京。吉庆至巡抚衙门，瑚图礼坐高座，向其宣上谕毕，即命改穿囚服，喝退仆从，以铁链系其颈，又命吏隶诟毁诃责以辱之。吉庆凛然无惧色，正告瑚图礼："某虽不才，曾备位政府，不可甘受其辱，有伤国体。"遂引佩刀欲自刎。瑚图礼命家人上前抱住，将刀夺下。情急中，吉庆一把抓住桌上鼻烟壶，塞入口内，狠力吞下，立致壅堵气绝，逾时而死。

吉庆自戕后，瑚图礼于是日上折奏报朝廷，称："督臣吉庆于十一月十九日由惠州府回省，二十日到臣署。臣见其形容憔悴，精神委顿，询知患病未愈，遂嘱令上紧医治，以冀速痊。嗣闻伊回署后，忽得疾涌急症，不能言语，于是日未刻身故。臣随即亲往看视，将总督并盐政关防，一切文卷检查接受，暂行署理。"这份奏折，表明瑚图礼企图瞒天过海，完全掩盖吉庆之死的真相，将吉庆因其逼迫自戕身死，掩饰为患病而亡。

然而，众目睽睽之下，一个封疆大吏之死，终究不能由其任意描画。瑚图礼深知，即便是在天高皇帝远的广州，吉庆之死的真相总有一天会传至京城。二十天后，瑚图礼不得不再次奏报朝廷改称："督臣吉庆于十一月十九日由惠州府回省，臣前往再次接见。见其精神委顿，形容憔悴，询悉患病未愈。臣即嘱令回署上紧医治，以冀速痊。二十日已刻，该督到臣署回看。叙谈未久，忽然语言恍惚，……拔取身带小刀，欲行自戕。臣喝令伊跟随家人及臣署家人，上前抱住，将小刀夺下。伊忽又将桌上鼻烟壶塞入口内，狠力吞下，以致中气隔截。臣与该督家人等，无术解救，即传进司、道、府、县，告知情形，令人扶入轿内，抬回督署，并嘱令速觅解救之方。讵（jù，不料）医治不效，延至是日未刻身故。"在这份奏折中，瑚图礼虽然再次费尽心机地隐瞒了其羞辱铐虐吉庆的真实情况，摆脱了自己与该案的关系，但吉庆之死主要情节不得不以实禀告。

瑚图礼前后两折中对于吉庆死因的说法有显著矛盾。吉庆自戕的惨烈，使嘉庆帝大为"骇异"，因此在瑚图礼的第二份奏折上朱批"大奇之事"。联想到吉庆此前奏折中曾有"恐瑚图礼作贼，惟愿病不能痊"之语，他怀疑瑚图礼与吉庆自戕有关，遂命那彦成就近探访调查。然而，在瑚图礼的笼络下，那彦成的一纸复奏，使瑚图礼成了无辜之人。那彦成奏称：吉庆因办理"会匪"，未将首犯正法，被害之家怨声沸腾。吉庆愁畏交并，兼之病后糊涂，遂尔自寻短见。面对那彦成的复奏，嘉庆帝起初仍心存疑惑。他深知，吉庆平日居官，操守廉洁，素有廉名，办理地方公务，尚无贻误。即便在办理添弟会事件中，有谬误之处，其罪断不致死。吉庆应该知道，此次获咎，亦不过革职，或发往新疆效力，将来还会被用为巡抚，为什么会以如此手段自戕呢？嘉庆帝虽有疑问，但不打算为一个已死且已获罪的官员弄清事实真相了。嘉庆帝诏责吉庆"身为封疆大吏，即罪在不赦，亦当静以待命，岂得私行自尽，效匹夫沟渎之为，是自裁一节，即吉庆之罪，实无足惜"。又谕："那彦成既查明吉庆畏罪自尽，与瑚图礼无涉，其所称作贼之处，自系病中妄语，毋庸再行查奏。"同时，表示对吉庆在办理添弟会时的"疏纵之处"，"不必再行追论"。命那彦成传知其家属，扶柩回旗。就这样，嘉庆帝貌似公平地错过了一个在吏治整饬中扶正祛邪的机会，将这件不难追究到底的"大奇之事"糊涂了结了。

嘉庆帝糊涂了结该案，是以吉庆处理会众起事谬误，其自戕实无足惜为说辞的。其实，广东出现的严重社会问题，作为巡抚的瑚图礼是无法置身事外的。然而，瑚图礼的责任，只是在吉庆死后才被查究，只受到微不足道的处罚。嘉庆八年（1803）正月，那彦成参奏瑚图礼失察博罗"会匪"滋事，请将其交部密议。嘉庆帝认为，瑚图礼身任巡抚，对所属地方会众起事毫无觉察，以致酿成巨案，仅察议未免过轻，命交部加以议处。其后，瑚图礼被降一级留任。其实，时由巡抚主管的广东刑名更是黑幕重重。广东下属各县，地方官蔑法殃民，玩视刑狱，私设班馆，滥羁人犯。南海一县，设由班馆3处，差役私馆50处。番禺县则有带候所一处，差役私馆12处。还任听蠹役于各馆设木栅四围堵塞，将讹诈不遂之人，闭锢其中，致令无辜拘系，致毙多命。甚至将各案未结女犯，发交官媒收管，设立女馆名目。遇有年少妇女，官媒竟逼令卖奸得赃。广东地方这些严重社会问题被揭露后，嘉庆帝痛斥包括瑚图礼在内的前任督抚，对近在同城所发生的事情，漫无觉察，竟同木偶。命令将他们交部严加议处。部议罚俸2年。嘉庆帝以瑚图礼在任时间最长，其咎较重，命罚俸3年。这时已是嘉庆十年（1805），瑚图礼已调任湖北巡抚。

瑚图礼于嘉庆朝，仕途通达。虽然嘉庆帝认为其并非有胆有识有才能之人，但仍屡赋其重任。内任吏部、户部、兵部、礼部尚书，外调驻藏大臣。直至嘉庆十九年（1814）十二月寿终正寝。

嘉庆朝吉庆自戕案的结局，以及吉庆与瑚图礼截然不同的命运，昭示着嘉庆朝吏治的真实情况。廉洁自律者得不到保护，跋扈争权者却飞黄腾达，吏治败坏在嘉庆朝不能被遏止势所必然。


# 作者简介

朱诚如，1945年生，江苏淮阴人。曾任辽宁师范大学校长、故宫博物院主持院政副院长，现任国家清史编纂委员会副主任，《明清论丛》主编，北京大学历史系教授、博士生导师。主要著作有《简明清史》《康雍乾三朝史》《管窥集·明清史散论》等，主编《清朝通史》《辽宁通史》等。

# 湘军集团与晚清权力之争

张晨怡

晚清湖南地方军队被称为湘军。咸同年间，太平天国起义的烈火迅速从广西燃向全国，此前清廷依靠的八旗与绿营不堪重用，为湘军登上历史舞台提供了机会。随着湘军兴起，国家的一些重要权力也逐渐移向地方，转入汉人手中。统治者既要依靠湘军镇压农民起义，又恐其尾大不掉，不情愿将权力拱手相让，由此展开了清廷与以湘军集团为首的地方势力对权力的争夺。

## 一、湘军的创制

湘军创始于太平天国起义时的地方"团练"。清中期以后，清朝的八旗、绿营等正规军风气散漫、严重腐化，战斗力低下，遇到战乱等重大危机，朝廷即令地方绅士训练乡勇，清查保甲，保护地方，所需费用均由民间自筹。可以说，"团练"创始之初，不过是防卫地方的民间武装而已。太平天国起义后，咸丰帝命曾国藩"帮同办理本省团练"，其本意与其他各省办理团练并无区别。但曾国藩却将"团练"一词一分为二，声言自己不办保甲而专办练勇，并以团练为基础，集合兵勇、夫役、工匠等编成陆营、水师，形成兵随将转，兵为将有，全军只服从曾国藩一人的地方军事势力。

随后在与太平军的战斗中，国家经制之兵屡遭败绩，湘军却不断取胜。但是，湘军将领并没有受到重用。咸丰四年（1854），湘军攻占湖北省城武昌，咸丰帝闻报大喜，当即任命曾国藩署理湖北巡抚，不过很快又收回成命。除非万不得已，咸丰帝是绝不肯让湘军将领兼掌军政大权的。

## 二、湘军集团对权力的争夺

太平天国起义迅猛发展，湘军的地位和作用也日益凸显，湘军集团逐渐取得地方军政大权。咸丰五年（1855），清廷任命胡林翼署理湖北巡抚，与他同在武昌主政的是湖广总督官文。清代官制中总督偏重军政，巡抚偏重民政，军权应归于官文。可官文贪鄙庸劣，见识浅薄，只因是满洲正白旗贵族而为咸丰帝所重用，所部军队战斗力极差。胡林翼抚鄂之初，官文每多掣肘，胡虽具实申奏，但咸丰帝仍下严旨要其会同官文办理湖北军政。不得已之下，胡林翼改变策略，转而与官文结交，在公文中每列官文为首功，每月拨盐厘3000两相赠，还让自己的母亲认官文宠妾为义女，进而与官文兄弟相称。不过，胡林翼并非与官文同流合污，而是试图加以利用。官文也深知在此战争环境，多少督抚因为不善带兵，或死于战事或被罢职免官，于是也乐于依靠这个对自己恭敬备至的胡林翼。在官文看来，既然胡林翼满足了自己对声色货利的喜好，自己赞同他的军政主张，也算是礼尚往来。于是，胡林翼大刀阔斧厉行改革，稳定湖北局势，从而在同太平天国争夺长江中下游地区时处于有利地位。

但事实上，清廷并没有放弃对地方权力的严格控制和打压。所以，如果不是胡林翼巧妙运用权术，让清廷认为改革措施多为官文主张，湘军集团是难以迅速发展起来的。咸丰七年（1857），曾国藩借父丧之机，向咸丰帝摊牌索要更大权力。清廷以为太平天国行将覆灭，断然令曾国藩在籍守制。不料三年后，江南大营再次崩溃，太平天国基本控制了富庶的江南地区，切断了清王朝赋税、漕粮的主要供应渠道。于是，山穷水尽的朝廷陷入两难境地：要么拘泥于不轻易授予汉人实权的旧制而坐以待毙，要么听任湘军壮大势力，但可以利用他们来度过亡国危机。在太平天国大军的逼迫下，舍湘军而无其他劲旅可以依靠，清廷只能容忍湘军将领执掌地方军政大权，于是，任命曾国藩署理两江总督。可以说，湘军集团能够取得多大的权力，与太平天国给清廷带来的危机程度，以及清廷解决危机时对湘军的依靠程度是密切相关的。

## 三、湘军集团权力的顶峰

日益激烈的太平天国战事和辛酉政变的发生，将湘军集团的权力推向顶峰。咸丰十一年（辛酉年，1861），咸丰帝在避暑山庄去世，遗诏以年方六岁的载淳继位，同时任命户部尚书肃顺、怡亲王载垣等八大臣为"赞襄政务王大臣"。经过一场惊心动魄的宫廷政变，形成了两宫皇太后与恭亲王奕䜣共治天下的局面。为最大限度地发挥湘军集团的作用，清廷由被迫放权转向主动授予他们更大的权力。这年十月，命曾国藩督办江、皖、赣、浙四省军务。十二月，任命左宗棠为浙江巡抚，李续宜为湖北巡抚，彭玉麟为兵部侍郎。次年正月，命曾国藩以两江总督协办大学士。八月，刘长佑补授两广总督。十二月，刘长佑调任直隶总督。同治二年（1863），左宗棠升任闽浙总督，曾国荃补授浙江巡抚，唐训方补授安徽巡抚，郭嵩焘补授广东巡抚，刘蓉补授陕西巡抚。次年，杨载福补授陕甘总督。短短几年间，湘军集团势力急剧膨胀，南至两广，北到直隶，东到两江，西至陕甘，诸多地方都由湘人出任督抚。而他们手中所握有的权力，远远超过此前的清代督抚。

依照清代旧制，总督主军政，但是除了自己的督标营之外，并不能越过提督直接干预营务；巡抚主民政，除了自己的抚标营外，也不能干预营务；布政使掌财政，直属户部；按察使掌司法、监察，直属刑部。可见，军政大权都集于中央，地方大员各负其责，互不统属，谁都不能自行其是，只能听命于中央。而咸同年间，特别是同治初年，大批湘军将领位任督抚，他们既主军又主政，兵、政合一之势已成，再加上兵饷自筹，厘金完全由督抚支配，原本应该上交户部的地丁、漕折、关税、盐课等项银两也被督抚截留，大半充作军饷。这样，一省三宪——即巡抚、布政使、按察使鼎足而三的局面再也不复存在，督抚专权的局面势将形成，湘军集团的权力在此情形下也达到了顶峰。

## 四、清廷对湘军集团的打压及其结果

湘军权力的取得，代表着地方势力的崛起，但满汉有别的观念、三藩之乱的教训，时时萦绕在清朝统治者的心头。于是，太平天国起义被镇压后，清廷立即着手裁撤湘军，收回湘军集团手中的权力。据说，太平天国首都天京被攻破后，曾国藩得到的爵赏已被打了折扣，清廷还迫不及待地利用天京窖藏金银与幼天王下落问题继续打压曾国藩。

针对这种情况，以曾国藩为代表的湘军集团将领为消除朝廷疑忌，保全身家性命，拒绝了幕僚拥兵自立的建议，迅速裁军。在不到一年时间里，曾国藩麾下的五万余湘军大部分被裁撤，左宗棠麾下的四万湘军则因征讨太平天国余部得以留存。大批湘军被裁之后，清廷又试图收回这些湘军将领手中的地方军政实权。同治五年（1866），陕西巡抚刘蓉、广东巡抚郭嵩焘、陕甘总督杨岳斌相继被迫去职。次年，湖北巡抚曾国荃、直隶总督刘长佑被免职。

然而，此时国家战乱频仍，清廷仍需依靠军队的力量，既然八旗、绿营不堪任用，只得继续依靠湘军以及后起的淮军。清廷一方面持续打压因镇压太平天国而功成名就、声望卓著的曾国藩等人，怕他们"功高震主"，将地方权力从一些亲曾国藩的湘系人物中收了回来；另一方面，却仍然不得不将权力授予左宗棠一派的湘系人物以及后起的李鸿章等淮系人物。比如广东巡抚一职就授予了左宗棠的亲信将领蒋益澧（lǐ），陕甘总督则由左宗棠继任。此时内轻外重的权力格局业已形成，终清一代，中央与地方、满人与汉人同治天下的局面已经难以改变。

# 清末官方的"俚俗体"文告

## 董丛林

从历史上看，官方文告多用严肃文体，与以俚谣和民间口语为表现形式的"俚俗体"似无共通之处。但是，清末的官方文告，特别是面向大众发布的文告，常常使用"俚俗体"。这一变化，反映了当时的时代特色。

"俚俗体"文告大体有以下类型。

政治类文告。光绪二十六年（1900），正值义和团运动期间，时任山东巡抚的袁世凯，作有"劝谕百姓各安本分"的《勿立邪会歌》，其中有这样的文句，"朝廷爱百姓，百姓尊朝廷，上下相维系，地义与天经"；"昔传白莲教，并有义和门。蔓延各州郡，党羽日纵横……相去数十年，旧事重翻新，义和名未改，拳会祸更深"；"其实皆邪说，妖妄不足凭。传帖聚徒众，飞符召鬼神。言能避枪炮，又能避刀兵。血肉薄金石，析理殊未真。大抵奸黠（xiá）辈，立会敛钱银。外匪乘机入，久辄滋乱萌。前鉴尚未远，近事已堪征"；"遵旨剀（kǎi）切（剀切，意为切实）谕，俾尔咸知闻……各人安本分，里社乐丰亨。何苦信邪说，受累到而今。出示已多次，昏迷应早醒。再如坠昏迷，法网尔自撄"。

当时袁世凯属下的寿张县知县，也发布过劝谕百姓"去邪从正"的简明告示称:"倡言立会,大干例禁。累及身家,难保性命。怎奈乡愚,一呼百应。拳勇大刀,寇盗行径。""凡尔子民,勿再邪混。前虽为匪,也许改正。改正自新,去逆效顺。只要安分,即好百姓。从前劣迹,永不追讯。"

山西巡抚毓贤则是当时督抚中持仇教排外态度的官吏,他有责令教民背教的谣体示谕:"洋人传教,邪术迷人。毒害中土,灭绝五伦。今敢谋乱,亲往捕巡。按名正法,以除祸根。凡尔教民,亟宜自新。倘能出教,便为良民。"

四川巴县知县张铎,则以同类体裁的告示晓谕保护教士、教民,曰:"各国领事教士,近赴上海游行;均因料理商务,并无别项事情。其有房屋各项,俱交本县查明;责成地方团保,照常保护认真。至于教民人等,尽我中国民人;应与大教(指"儒教")百姓,一体保护无分。倘有不法匪类,胆敢包藏祸心;藉以捏造上谕,冀图恐吓教民。似此无知妄拟,实属大干典刑;亟应晓示严禁,军民团保凛遵。"

文教(包括习俗内容)类告谕。光绪二十七年末(1902年2月初),慈禧太后有劝止女子缠足的懿旨,此后各级官府纷纷发布告示劝行,不少即用俚俗体。比如光绪三十年(1904)间天津县令颁布的示谕,通篇为六言歌谣,其文句如,"中国妇女缠足,贻患几及千年。弱种妨身费事,诸多行动不便";"绅士明理人家,遵循听信已坚。创设天足公会,名门士族联翩。女子永不缠足,彼此互缔姻连。或恐愚夫愚妇,依然积习相沿。动谓女不缠足,及笄(jī,及笄,古时指女子年到15岁)许字维艰。众人如此解说,本县殊不为然";"我今苦口再劝,编成歌谣六言。特劝为人父母,将此恶俗永捐"等。

除了这种劝诫型的文告外,还有禁令性文告。如光绪三十一年(1905)间北京外城巡捕西分局,就以白话文发布禁止在前三门外乱倒垃圾的布告："近日人情懒惰"，"乱倒秽物灰土"，"前三门外，地窄人稠，街道更难洁净"，"不但外人瞧见不成模样，（而且）这种恶臭气味，令人受了最容易生病"，指令"积下的土灰之类，断不许在门口乱倒。本局自有土车，按时挨门传唤。如有不遵的，查出定要受罚"。

春节期间燃放烟花爆竹是中国的传统风俗，因此而引发火灾也屡见不鲜。天津巡警局于光绪三十二年十二月下旬（1907 年 2 月初）发布禁燃通告说："入冬以来，风高物燥。瞬届年节，竞放花炮。起花双响，高入云霄。遗火落下，贻害非小。贩卖燃放，均干禁条。特先晓谕，广为劝告。父戒其子，兄为弟导。子弟有犯，父兄枷号。倘敢故违，决不宽饶。"

清末新政中，大兴学堂、发展新式教育蔚然成风，光绪三十年（1904），力主新政的张之洞写了长达两千余言内容丰富的《学堂歌》发布。其中在宣传新知识方面就有这样的文句，"最尊贵，是太阳，行星地球绕其旁；地球圆，微带长，万国人物生四方。热带暑，寒带凉，南北极下皆冰洋；温带下，中华当，赤道二十三度强……五大洲，非渺茫，地球东半亚洲广；欧西方，澳南方，美洲对我如反掌。阿非洲，西南望，天气毒热地多荒；中国圆，日本长，都在东亚地球上"。

类似的例子还有许多。这种官方面向大众的文告惯用"俚俗体"的情况绝非偶然，是与当时"白话文"渐兴的文化背景密不可分的。

"白话文"的兴起，大多数人以为始于民国初年的新文化运动。实际上早在清末，新派人士即已开始倡导白话文。譬如梁启超在他的维新名作《变法通议》中，就表达了这样的意思：今人说话，都用现时的口语，而下笔为文，则"必效古言"，这种状况亟须改变，应该"专用俚语，广著群书，上之可以借传圣教，下之可以杂叙史事，近之可以激发国耻，远之可以旁及彝（夷）情"，乃至对"宦途丑态，试场恶趣，鸦片顽癖，缠足虐刑"，都可以深刻具体地揭露于世，动摇和改变陋俗恶俗，其好处不是会很大吗？创办属中国最早白话文报刊之一的《无锡白话报》的裘廷梁，曾这样宣示他倡导白话文的立意，"中西有用之书，尽当以白话文演之"，使天下识字的人都能喜好读书看报，这样"民智可以广开"，而一切利国利民的事情都可以次第举办，"白话之效，数百倍于鸿文也"。

使用白话文便于对民众开展宣传，利于开启民智，这成为当时新派人士的共识，从维新派到革命派，尽管他们改造社会的目标有所不同，但都主张使用白话文。比如陈天华的《警世钟》和《猛回头》不仅全用白话文，《猛回头》还模仿通俗唱本，以说书人的口吻宣讲。就连通常为文艰涩的章太炎，也认为革命宣传品以"浅直"为好，因能"感动普通社会"，他写的《排满歌》，就使用了"莫打鼓，莫打锣，听我唱个排满歌"这类文句。

清朝官方进行社会宣传，不得不考虑怎样便于民众的理解和接受，以尽可能发挥好其教化作用。在政治立场上，清朝官方与维新、革命的新派人物明显不同，甚至截然对立。但清末官方采用"俚俗体"发表各类文告，除为了维持其统治秩序的作用外，在鞭挞不良社会现象、改良社会风气方面，也具有一定的积极意义。

当时的民众识字率很低，即便是初识文字者，文化水平也不会很高，要让他们易看易懂，当然是白话的"俚俗体"为宜。而且，更多不识字者还需要识读者转达以了解文告。在吸引民众和易于记忆、理解方面，"俚俗体"尤为适宜。天津《大公报》曾载文指出，像巡警局等官府机构"每遇张贴示谕，总用白话演成"；"各处张贴，街上立观者莫不出口成文，了然心目，是亦文明之一端也"；又说此种文体"甚浅"，"老妪都解"，普及面自然很广。

可以说，清朝官方"俚俗体"文告多用，既是清末白话文渐兴背景下的一种"应时"事物，也是合成这种背景内容的"支流"之一，它尽管与新派人物的通俗宣传在内容上或有殊途之异，但在形式上又属同归之合，共同成为当时的一种文化现象。

## 作者简介

董丛林，男，河北盐山人，1952年生。历史学博士。河北师范大学历史文化学院教授、博士生导师，中国义和团研究会副会长，中国太平天国史研究会常务理事。在《历史研究》《近代史研究》《光明日报》等20余家刊物发表论文百余篇，出版个人著述10余种。

# 晚清震惊中外的"沈荩案"

## 张建斌

1903 年（光绪二十九年）7 月 31 日，革命党人、新闻记者沈荩（jìn）被杖毙狱中。其死因扑朔迷离，一种说法是由于泄露清廷与俄国签订的秘密条约而惹来杀身之祸；另一说法是各地报界事故频发，清廷杀一儆百，以儆效尤。沈荩之死在当时产生了重要影响，清廷对于此案处理失当，受到中外舆论的一致谴责。

## 一、沈荩惨死狱中

沈荩，祖籍江苏吴县，随其祖到湖南，寄籍善化（今长沙县）。沈荩自幼天资聪颖，为人狂放不羁，鄙视科举，无意功名，但心怀大志，常与友人纵谈天下之事，并与好友组成文社，议论时政，因成员有 12 人，湘人称为"十二神"。变法维新时期，沈荩与谭嗣同、唐才常交往密切，积极参与新政。变法失败后，他随唐才常来到上海，与唐才常等组织自立会，筹组自立军，往返于湘鄂之间，准备发动武装起义。1900 年，自立军起义，沈荩为右军统领，起事于湖北新堤（今洪湖）。由于经费缺乏，部署疏漏，汉口自立军机关被张之洞破获，沈荩之右军也旋即告败，唐才常等遇难。自此沈荩进入清廷缉拿黑名单，开始了逃亡生活，经武昌至上海，辗转于京津等地，于1903年7月10日被捕。

沈荩被捕后，清廷唯恐夜长梦多，决定速杀之。他从被捕到被杀仅20天。因七月正值光绪帝生日，为万寿月，一般不杀人，慈禧太后决定改为杖毙，即用棍棒活活打死。时《大公报》载，行刑之状惨不忍睹，刑部"特造一大木板。而行杖之法，又素不谙习。故打至二百余下，血肉飞裂，犹未至死"。"骨已如粉，未出一声。及至打毕，堂司以为毙矣。不意沈于阶下发声曰：'何以还不死，速用绳绞我'"。一年后，维新志士王照获罪下狱，恰巧关在同间牢房，其《方家园杂咏纪事》记："粉墙有黑紫晕迹，高至四五尺，沈血所溅也。"沈荩死时惨烈之状，不忍回想。

## 二、沈荩死因之谜

按清律，颠覆朝廷之罪当诛九族，以此推论，沈荩被杀本属难免，但行刑时间和行刑方式却给后人留下诸多疑惑。中国古代处决犯人有时间规定，常规是"赏以春夏，刑以秋冬"。清代刑法规定，"每年正月、六月及冬至以前十日，夏至以前五日，一应立决人犯及秋、朝审处决重囚，皆停止行刑"。处决沈荩正为夏季，不符常规。采取杖毙之刑，也令人生疑，据此引发对沈荩之死的诸多猜测。

一种猜测认为沈荩作为记者，泄露了中俄秘密条约，招来杀身之祸。持这种说法者以章士钊撰写的《沈荩》一书为代表。据章书记载，1903年3月，"俄政府有要求满政府之密约七条，如下：（一）清国不可将东三省之地卖与或租赁于列国。（二）沿营口至北京之电线铁路，俄国可于其旁另自架设别线。（三）不论何事，清国于北清苟有建设，不得佣雇他国人。（四）营口海关税务，当使中俄银行管理，税关长必用俄国人，且令税关兼理检疫事务。（五）东三省地除营口外，不得开放为通商市场。（六）蒙古之行政组织不得有所变更。（七）拳匪乱事以前，俄国所得之权利，不得有所损害"。章士钊称：沈荩作为记者获取密约内容并公布中外，全国震惊，反对之声此起彼伏。又因条约涉及列强在华利益，各国亦颇多微词，清廷一时间不知所措。后经调查乃沈荩散布所为，恼羞成怒，于是杖毙沈荩。针对这种说法，当时报刊《江苏》和《浙江潮》也发表过评论："沈荩之被惨戮，其原因终不得而知。或曰：满政府与俄人订密约七条时，沈君适为天津某报馆之访事，闻之而首发表于某报纸。其事既表白于天下，于是内地各处电达政府，竭力抗拒者踵相接。满政府因而怒沈君，遂杖杀之。"但经过研究，彭平一先生《关于沈荩与"沈荩案"若干史实的补证》，严洪昌先生《1903年"沈荩案"及其影响》两文对沈荩泄露密约一说均提出质疑，并已论证其不可能发生。

另一种猜测认为清廷有杀一儆百之意，目标直指"《苏报》案"。1903年，《苏报》在上海外国租界地区因发表推翻帝制、实现共和的文章，遭到镇压。当时《苏报》发表了邹容的《革命军》自序，大力赞扬和鼓吹天赋人权、自由平等学说，主张用革命手段扫除专制。之后，又发表章炳麟（太炎）的《康有为与觉罗君之关系》一文，直呼光绪皇帝为"载湉（tián）小丑"，讥讽康有为和慈禧太后都是"汉族公仇"。于是，清廷宣拿章炳麟、邹容等人，要将辱骂皇帝、宣传革命的章、邹二人处以极刑。但因此事发生在公租界，按照《上海租借权限章程》规定，原告应在公租界审判。由于列强在侵华过程中矛盾错综复杂，对于清廷的"引渡"要求，态度不尽一致。据《中外日报》载："近在北京地方各公使因上海苏报馆一案，英国参赞之意，以为诸人不应交与华官，日本公使以为未尝拘人。以前上海道既与各国领事立有约章，现在即应照约办理。惟俄、法两国则欲助中国政府，将诸人交于华官，故其中彼等之意见各不相同。美公使之意以为莫妙于仍交上海领事办理此事也。"正在各方争论不下之际，沈荩被捕。清廷对当时报界鼓吹革命早已恨之入骨，可怜沈荩，遂成替罪羊。

笔者认为，沈荩之死最主要原因应是其曾为自立军。晚清帝后斗争异常激烈，自立军起义时提出的"光绪帝复辟"和"逆后当权"等诸多"狂悖"言论，是慈禧太后决不能容忍的，且公开叛乱罪不可赦，沈荩也因此早在通缉之列。当沈荩在京津之地辗转之际，被人秘密盯梢，奏陈慈禧太后。在现存的一份没留姓名的宫中档密帖中，告密者称沈荩乃通缉要犯，为自立军头目，"隐匿京师南城外，行止无定"，"与外洋内地匪党及大学堂同乡办事人密通消息"，"若不设法歼除，诚恐异外生节"。在这份 300 字的密帖中丝毫未提泄露密约一事，但却提及自立军首犯唐才常等已"获正法"，言外之意，沈荩早该杀了，以此推论，沈荩被速杀杖毙也就不难理解了。

## 三、"沈荩案"的影响

"沈荩案"引发中外舆论对清廷的不满和愤怒。当时《中国日报》发表唁文："沈君之死，鬼神为之号泣，志士为之饮血，各国公使为之震动，中西报纸为之传扬。是君虽死之日，犹生之年！"《泰晤士报》认为清廷"狠心残暴，为历来刑法正义中所稀有"，将来"必有不得久安之势"。各种报纸争相报道，进一步揭露清廷的残暴统治。在中外舆论的谴责下，清朝统治愈发不得人心。

"沈荩案"的发生使清廷不得不放缓了对"《苏报》案"的

追究，舆论的谴责使章炳麟、邹容等人免遭屠戮。"《苏报》案"发生后，清廷急于杀害章炳麟、邹容等人，可他们是在租界被捕，列强对于是否将其"引渡"给清廷争执不下。媒体对"沈荩案"的报道给了租界当局很大压力，一些外国官员也由此认识到清廷钳制舆论的野蛮行为，这些因素最终让租界当局决定拒绝清廷的"引渡"要求，从而在客观上保护了章炳麟、邹容等人。

"沈荩案"等晚清一系列报案，促使清廷对于僵化的舆论钳制政策进行反省，并最终促成相关法律的出台。1906 年，奉命出洋考察宪政的载泽等五大臣先后回国，在奏折中提出"定集会言论出版之律"。晚清风起云涌的舆论环境迫使他们承认，唯有主动立法，放宽一些言论自由空间，才能有效加强舆论控制。由此，清廷先后在 1906 年和 1908 年颁布了《大清印刷物专律》和《大清报律》等新闻法规。制定和颁布新闻出版法律，虽是清末实行新政的一项内容，而"沈荩案"的发生、处理及其产生的社会影响，无疑起了重要促进作用。

## 作者简介

张建斌，1985 年生，辽宁人。中国人民大学清史研究所硕士。国家清史纂修领导小组办公室工作人员。

# 清末新政与莱阳民变

## 刘天路

1910 年（宣统二年），山东莱阳发生了一场较大规模的民众武装抗争，史称莱阳民变。这场民变反映出清末改革过程中国家、地方社会和民众各方面利益之间的复杂冲突。

1901 年（光绪二十七年）以后，清政府实行新政，在经济、军事、教育、文化和政治等方面进行改革。各级地方政府先后举办各种新式事业，创办新式学堂、设立巡警、筹办地方自治。新政施行时期，正值国家经济凋敝、财政困难，于是，和全国多数地方一样，莱阳县地方政府把增加捐税作为筹措新政费用的主要途径。1906 年征收庙捐作为兴办新式教育的经费，一年后抽取油捐以开办巡警，1908 年又相继开征戏捐和城厢铺捐，1909 年巡警局改为巡警公所后，又加重了契税的征收。1910 年春，莱阳地方自治开办，政府又准备再次向乡民筹款，县教育会也准备一次性征收庙产提成捐，取代庙捐作为新式教育经费。除了捐税以外，荒地也要征收赋税，地方钱粮征收的数额大幅度提高。为解决经费严重不足问题，莱阳办理新政的官绅还打算向农民加征亩捐。清政府实行近代化的新政改革以巩固政权，可是不仅没有给生活原本十分困苦的乡村民众带来福利和希望，反而进一步加重了他们的直接负担，不满普遍存在，民怨不断积聚。

如果说，清政府在施行新政过程中无视民生、肆意加捐是莱阳民变爆发的根本原因，那么，有权势的地方绅商利用举办新政扩大政治权力，谋取经济利益，进一步激化了各种矛盾，则是导致莱阳民变的直接原因。

莱阳地方官员与部分有权势的地方绅商关系密切，赋予他们主持各项新政的权力，试图利用其权势推行改革。绅商王圻（qí）来自莱阳著名的王氏家族，其堂兄王垿（xù）在清政府担任法部侍郎，王圻本人在莱阳城内开设多家钱庄店铺，在当地绅商界势力很大。莱阳知县朱槐之委派王圻担任劝学总董，负责新式教育。在王圻举荐下，同族王景岳担任了县巡警局局董。另一位绅商于赞扬在莱阳县城也开有钱庄酒店，充当绅董二十多年，与朱槐之私交甚好，人称"于二知县"。朱槐之委派他和莱阳城内另一位较有资历的绅商张相谟负责筹办地方自治事宜。

这些绅商在主持地方新政改革以后，权力进一步扩展，直接对地方社会施加影响、进行控制，为他们利用公权谋取私人经济利益提供了条件。比如，王景岳在参与新政之前负债累累，但担任巡警局局董后不久就还清了所有债务，并购置土地，翻修房屋，被人怀疑滥支和贪污公款。王圻更是大肆利用公权，包占荒山，操纵市场，采取不正当手段排挤、打压其他商号，垄断了莱阳城内最有利可图的鸦片生意。王圻、王景岳、于赞扬等绅商还承揽修缮工程，通过向全县乡社征税的方式筹款，购买他们合办的窑场生产的砖瓦，并用工程完成后剩余的捐款放贷生息。1909年，莱阳钱粮银大幅调升，给征收造成极大困难，地方政府决定将稽征权承包给王圻、于赞扬等人开办的商号。当时银价昂贵，铜元贬值，王圻等人便要求用铜元缴纳时以七折计，变相增加了农民的税赋负担。

因新政改革而不断增加的各种捐税，已经让生活困苦的民众怨声载道，而经办新政的王圻等绅商以公谋私、中饱私囊的行径更进一步增加了民众的不满情绪。怨恨和愤怒在民众心中积聚，终于爆发了群体性反抗事件，而引发这次事件的是灾荒引出的社仓积谷问题。

社仓是一种民间粮食储备制度，平时储存谷米，荒时出谷赈灾。1909 年，莱阳受灾，农村普遍歉收，1910 年又遭受更为严重的春灾，夏收减产已成定局。天灾引起粮荒，不良商人趁机囤积粮食，操纵市场，抬高粮价。一时间人心惶惶，民情浮动。在这种情况下，乡民要求提取社仓积谷赈济灾民，并抵缴因筹办新政而开征的各种捐税。莱阳社仓始建于光绪初年，后因仓房年久失修，部分积谷发霉变质，便将历年积谷全部变卖，以钱抵谷，所卖积谷款存在王圻、于赞扬等开办的钱铺中，以备荒歉时取用。这时，传言说积谷出了问题，有乡民追问此事，而绅商们没有做出让人满意的明确答复，引起乡民们的怀疑和愤怒。5 月 21 日，以曲士文（又名曲诗文）、于祝三为首的 30 多名村长、社长，率领近千名乡民进入莱阳城，找王圻、于赞扬等绅商追讨积谷。王圻等人事先得到消息，躲藏起来，乡民便转到县衙与知县朱槐之交涉。朱槐之在乡民压力下，答应向经管绅商质询谷款一事，并允诺在十日之内公示解决办法。乡民在得到知县答复后，返回各自村庄。

这一群体性事件发生后，如若地方官员查明事实真相，及时向民众公布，并采取积极措施予以解决，原本可能使矛盾得到缓和。然而，朱槐之在乡民散去后即向山东巡抚孙宝琦报告，声称乡民聚众闹事，必须严拿带头之人，以儆将来，要求派拨军队前来镇压。他的上司、登州知府文淇也支持这一态度，指示朱槐之对曲士文等人绝不可纵容姑息。由于官府并未履行查明积谷一事的许诺，乡民再次聚集，事态开始升级，向暴力冲突方向发展。

6月11日，愤怒的乡民集结起数万人，焚烧了巡警局局董王景岳的家，抢劫了几家富户的财产。乡民提出清算积谷、免除各项捐税、完粮用铜元不得折扣、革撤绅董、停办地方自治等条件，并要求保证曲士文等为首之人不被处死。经城内众多商人说和，朱槐之为平息事件，答应了除停办地方自治以外的其他全部条件。

莱阳发生群体性事件的消息传到省城济南后，巡抚孙宝琦以朱槐之办理不善将其撤职，任命奎保继任知县。奎保上任后，坚持严惩曲士文等为首之人，并派军队前往捉拿。结果，乡民与军队之间发生争斗，士兵有数人受伤，乡民也死伤多人，并有十几人被捕。官府和乡民之间的冲突进一步升级。

莱阳民变的首领曲士文、于祝三等皆为乡村精英，在当地颇具号召力。他们联合起数十名村长、社长，组成"联庄会"，团结各村庄力量。同时，他们散发传单，制造舆论，激发乡民对绅商和官府的不满和反抗情绪。在政府增加捐税和绅商假公济私的背景下，这些动员民众的手段在一段时间内产生了很大影响。全县106个村社中，有60个村社参加了反抗活动，集结在莱阳城周围的乡民最多时将近十万人。他们分四路驻扎在城郊各地，对县城形成包围之势。从7月4日开始，乡民连续几天攻打县城。

莱阳民变尽管一时间造成了相当声势，曲士文等乡村精英也表现出一定的组织能力，但终究是一场突发性事变，缺乏明确目标和组织训练的乡民难以与拥有新式装备、训练有素的正规军队对抗。在军队到达之前，乡民内部已经发生分裂，相当一部分力量被分化瓦解。当驻守山东的新军第五镇2000余人从济南赶到莱阳时，乡民很快溃散，曲士文、于祝三等逃匿。军队在莱阳各地搜查参与民变的乡民，烧杀劫掠，民众多有死伤。这场历时数月、有数万乡民参加的较大规模民变，最终被镇压下去。

莱阳民变震惊全国，舆论对于政府滥征捐税、绅商假公济私、官员办理不善和军队纵兵劫掠的行径，进行了激烈抨击。在清末革命党人咄咄逼人的政治局势下，莱阳民变和当时全国范围内发生的一系列城乡民众骚乱，进一步增加了民众的动荡感和危机感；而清政府在处理这些民变的过程中措置失宜，其漠视民生、无视民命的种种表现，使之逐步失去民众的支持和信任，当更加严重的危机来临时，便成为被无情抛弃的孤家寡人。

## 作者简介

刘天路，1951年生，河北人。山东大学历史文化学院教授。主要研究中国近现代史，著有《基督教会与近代山东社会》《八国联军侵华史》等。

# 康熙朝的开矿政策

常建华

为管理和控制矿产资源，康熙朝的开矿政策曾不断调整。顺治朝实行禁矿，康熙二十三年（1684）解禁，"任民采取"，四十三年（1704）禁矿，至五十二年（1713）又采取封禁限制政策，只许本地贫民为谋生采挖。

## 一、康熙早期的"任民采取"

在清初，清廷由于统治未稳，忙于军事征服，严格封禁全国矿山，原则上禁止民间开采，自康熙十四年（1675）封禁政策始有变化。清廷定开采铜铅之例，凡各省出产铜铅处，如有本地人民具呈愿采，该督抚派官监管。这便有了由本地人呈请、官府审查的核可制度。

清朝比较完整的铜铅矿业政策，是在康熙十八年（1679）初步形成的。当时平定三藩战事已取得决定性胜利，休养生息、恢复生产正当其时。三月，礼部会试贡生的考题就有征求解决铸币用铜不足的问题。十月，户部等衙门会议《钱法十二条》奏准，第八条为"开采铜铅"。同年，修改征课办法，规定所采铜铅，二分入官、八分由民出售；监管官准按斤议叙；上官诛求逼勒者从重议处；如有越境采取及衙役扰民，俱治其罪；有坟墓处不许采取，倘有不便，督抚题明停止。这是税后余矿由商人处分的自由发卖制度。

三藩之乱勘定后，蔡毓荣于二十一年（1682）被任命为云贵总督，向康熙帝上《筹滇十疏》，报告治理滇黔的主张。其中第四疏《议理财》，着重谈"广鼓铸开矿藏"，开采滇铜供应铸钱之需。他主张允许本地殷实有力之家或富商大贾自行开采，每十份抽税二份，地方官督促开矿，有功者予以奖赏。此议为清廷采纳。

二十三年（1684）九月，九卿议覆管理钱法侍郎陈廷敬等疏言，针对铜价昂贵、钱日少而贵，不法之徒毁钱作铜，建议开采铅铜，"此后停其收税，任民采取"。康熙帝依议，指示开采铜矿，听民自便，地方官仍需不时稽查，毋致争斗抢夺，借端生事，致滋扰害民。同时还制定了具体政策：铜铅矿任民采取，八分听民发卖，二分纳官；开采铜铅，先听凭矿地主人报名采取，如地主无力，由本州县人报采，许雇邻近州县匠役，如有越境开采及衙役扰民之情，照光棍例治罪；各县铜铅处，令道员总理，府佐分管，州县官专司，照数议叙，上司诛求逼勒者从重议处。后来铁锡等矿也基本照此办理，只有金银矿仍然是"官收四分、给民六分"的比例。铜矿的开采，使得铜价下降，缓解了官府缺铜的压力。

"任民采取"的矿业政策，有利于调动商民投资矿业的积极性，推动了矿业的发展。云贵地区的开矿，各方面的积极性很高，地方官也不甘落后。云南试行招商办矿，实际上也成为各省管理民矿的办法，吸引人投资矿业。

## 二、康熙中后期的限开限卖

康熙四五十年代，随着经济的恢复发展，人口增长迅速，百姓纷纷外出开矿，谋生的矿民聚集，带来社会治安问题，围绕开矿的各种事件频繁发生，导致清廷逐步开始限制开矿。

四十三年（1704）正月，有商人裴永锡在户部具呈开采，安徽巡抚刘光美奏报此事。康熙帝览折后做出批示："开采山场多弊无益，断然行不得。不必多议。"康熙帝认为开矿之事甚无益于地方，决定嗣后有请开采者，俱著不准行，不开新矿。

由于民间盗采矿场严重，又有官员建议准予开采。在四川，巡抚能泰奏请开矿，康熙帝仍谕以此事不可行。能泰又奏称，江中有银，请派官监视捞取，以为兵饷。康熙帝亦以此事不可行，并断定能泰"一面奏请，一面即行矣"，必贪无疑。地方官希望开矿与康熙帝禁止开矿的态度形成鲜明对比。事实上，四川的地方官还在为开矿事宜不断努力。五十年（1711），四川巡抚年羹尧就川省应行之事条陈七条，其中一条就是关于开矿的内容。

在禁止大规模开采的同时，康熙帝也考虑到开矿与社会秩序的关系，认为不让贫民开矿，社会上已无土地可耕，还不如令其开矿以维持生计。

广东民间盗矿问题突出，对于广东地方官员的奏报，康熙帝都是以"知道了"答复。这种不置可否的态度，反映出康熙帝还在考虑当中，摇摆于是否准许开矿之间。五十二年（1713）五月初三，康熙帝指示大学士温达等：南方许多省份封禁开矿，开矿之人并不甘心，仍然聚而不散；不少贫矿，官开则费多无益，若听民间自开尚有利益，即地方官稍有所得也无妨，希望将矿藏与民共享。后来廷议的结果是：云南是特许地区，湖广、山西特许之皇商王纲明，可在雇佣本地人的情况下继续开矿；其他省份未经开采者仍行严禁；各地贫民私开不禁，以便使其谋生；到外省开矿以及富民开矿仍然不准。康熙帝又表达了对于民间已经开采的矿山不必严禁的态度，对贫民开矿表示同情。

## 三、康熙晚期的限中寻开

开矿可以满足国家铸币的需求、增加国课，并解决民生问题，无论是康熙帝还是清廷与地方官以及民间，总想通过开矿取得利益，为国家与社会带来好处，于是康熙晚期实行了限中寻开的基本政策。

京畿地区的矿藏是官府较为关注的。五十六年（1717）五月，直隶昌平州事北路捕盗同知张充国报称：有自称畅春苑监督二等侍卫马维翰者，带领数十人在州属之黄罗院地方开采矿砂，口称奉旨，却无部文。昌平州银山雌老峪也发生了类似事件，地方官见疑，直隶总督赵弘燮遂将此奏闻。康熙帝朱批：近京各处查矿砂原是有的。实际上默许了这种行为。

民间也有开采矿产的事例。云南的铜矿用来铸币，关系国课，为了扩大产量，官府鼓励民间开采。云南地方官高度重视此事。五十六年，巡抚甘国璧要求属下访查开采。总督蒋陈锡又复遍行晓谕。布政使金世扬申报，商人王日兴等以曲靖府沾益州地方产有银矿，堪以开采。地方督抚奏请，得到皇帝同意。

康熙五十八年（1719），山东发现银铅矿脉，经过了一年多的讨论与试采，最终停止。山东巡抚李树德热衷于开矿，理由是开矿可以上裕国课，下赡商民。一发现矿场，便令立即堵塞，不许商民擅开，便于掌握矿产以及控制社会秩序。本地百姓的积极性很高，有民人情愿不领工价，自备器具开采，俟得砂之后官收七分，民得三分以作工价，官府于是准其开采。李树德还奏称，根据其家人报告，山东济、兖、青、登四府所属州县内共有矿场十余处，准备依据康熙五十二年的矿令开采。此事得到康熙帝的认可。李树德支持属下试采，康熙帝特遣吏部员外郎德禄等六人前去，与其商量开矿之事。李树德遍行招商，商民反映，官七民三之例，实属不敷工本，如能对半抽分，商民情愿自备工价，雇佣工匠，前往有矿州县进行开采。李树德等酌议，凡属本省民人取有各该州县印结者，俱准充商，其商人自备工本，开采得砂之后，准官民各半分砂。于是山东掀起了一场全省开矿的热潮，东西两路竟有 70 处陆续兴工。然而，或许是矿场蕴藏贫乏，矿砂难得，所得金银较之工本，尚不能敷。鉴于矿贫的现实，康熙帝以"劳民生事"为由，停止了山东省的寻矿行动。

康熙帝为了发展经济、解决民生问题，许民开矿。但是开矿民众聚集，又会产生诸多社会问题。康熙帝制定开矿政策，始终从政治考量，维护社会秩序是其思考问题的出发点；但是他又从地方政府与百姓利益考虑，故禁而不死，网开一面，较好地处理问题，使得康熙朝的开矿诸方面各得其所。

# 作者简介

常建华，1957 年生，河北张家口人。南开大学历史学院教授、博士生导师，教育部人文社科重点研究基地南开大学中国社会史研究中心主任，中国社会史学会会长。主要研究领域为 18 世纪的国家与社会。著有《清代的国家与社会研究》《乾隆事典》《清史十二讲》，合著《清人社会生活》等。主持国家清史项目《通纪》康熙、雍正朝部分。

# 清末金融危机与天津商会

## 宋美云

19 世纪末至 20 世纪初，在中国社会急剧动荡的大背景下，天津连续发生几次比较大的金融危机。期间，成立于光绪三十年（1904）的天津商务总会（北洋时期改组为天津总商会，国民党时期改组为天津市商会，近代简称天津商会），在稳定局势、避免金融危机进一步恶化等方面，发挥了重要作用。

## 一、金融危机迭次爆发

清末的天津共爆发了四次比较大的金融危机。

现银贴水风潮。1900 年，八国联军的入侵，使本不充裕的天津市面银根奇紧，周转困难。因此，不仅殷实银号开写银帖，甚至小钱铺也开钱票，导致市面银、钱帖膨胀，贴水（调换票据或兑换货币时所补的差额）之风由此而起，造成"商旅闻之而裹足，百物闻之而腾涌"，市场陷入一片混乱。

面对混乱的金融市场，袁世凯采取了强硬手段，于 1903 年 1 月下令钱帖、银帖与现钱、现银等值使用，严禁贴水。一贯靠贴水获利的钱商，因此受到遏制，难以维持，相继倒闭。1903 年初至 1904 年 4 月，200 多家钱商中，歇业荒闭者达 100 多家。一年后，各行歇业荒闭者达 2000 余家。天津陷入了金融危机之中。

铜元落涨危机。这次铜元危机是清末天津持续时间最长、影响范围最广的一次金融危机。1902 年 12 月，袁世凯幕僚、实业家周学熙奉命筹建的银元局正式投产，铸造铜元、银元。1905 年下半年，外省铜元大量涌入津门，天津造币厂的铜元积压严重，铜元急剧贬值。据档案记载，是年 10 月 26 日的积压铜元已值银 40 余万两，"亟应设法疏销"。1908 年，天津市面上的铜元较诸 1903 年贬值达千余文。

政府发行铜元的本意是为了治理天津金融市场，而金融市场因此引起的剧烈波动明显与政府的初衷背道而驰。1904 年 1 月，市面的一块银洋换得铜元 1800 余文，换得制钱 1400 文，铜元与制钱之间 400 文的差距，足以说明铜元的贬值程度。清政府停止鼓铸铜元，又使市面上的铜元数量严重缺乏，导致铜元价格顿时上扬。1911 年初，天津出现了一天之内一袋面涨价 40 多枚铜元的情景。到 1911 年 9 月，银元与铜元的兑换比例，由先前的银元 1 枚兑换铜元 130 枚，变为兑换 110 枚，市面一片恐慌。

银色跌落风潮。银色风潮爆发于 1908 年。庚子事变后，市面混乱，银根奇紧。因各炉房镕铸化宝银时乘机点铅掺铜，致使化宝银渐渐低潮，市面上的所谓九九二化宝，只有九六五成色。以致足银加色昂贵，至 1907 年冬天，每百两白宝银色加至三两六七钱，所有客商欠款因银色不足概不能还。天津城引发的银色风潮，在上海、广州、汉口等地的金融市场都受到了不同程度的震荡。

面对津海关的规定，华商只能各任其亏，而驻津各洋商则纷纷与政府交涉。直隶总督杨士骧认为"此责不在于官而在于商"，拒绝由官府担此责任。天津商会为消除低色化宝的危害，与各国银行和本地钱商多次磋商，先由各钱商将此款暂行借垫，计赔付外国各银行行平宝银 7143 两 2 钱。最终，天津商会向各殷实钱商借银 15000 两了结此案。

橡皮风潮。上海橡皮股票风潮爆发于 1910 年 7 月，上海市面因受橡皮股票投机的影响，几十家钱庄、票号相继倒闭。1910 年 9 月初，"上海倒闭钱庄数号，亏空天津商号 200 余万之多，牵动天津市面大局"。10 月，在天津的分支及联号源丰润、新泰也即时倒闭，负债 100 多万两，导致天津金融市场银根异常紧急。随后，庆恒、永毅诚等钱铺、银号纷纷歇业或倒闭。甚至连洋商银行华账房也未逃脱此厄运。正如时人说，人人皆有"天塌砸大家"之感。

## 二、金融危机的起因

金融业发展滞后。贸易业与金融业是相互影响、相互制约的两个行业。开埠后，天津进出口贸易迅速发展，成为北方最大的贸易大港。但是，天津的进出口贸易量始终存在着巨额逆差，金银长期大量流出，市场货币流通量减少，影响和限制了金融业的发展，使其远远不能适应对外贸易发展的步伐。滞后发展的金融业导致金融市场基础薄弱，金融风潮就不可避免地屡屡发生。

货币制度混乱。其主要表现，一是银元的使用。在大宗的交易中，银两使用的范围正在逐渐缩小，银元由于使用方便，开始被人们广泛接受。二是铜钱的变化。清代的最后几十年间，开始铸造铜元，铜元因其制造精巧，受到老百姓的青睐。三是纸币发行量增加。传统的典当和银钱业所发行的银钱票，随着贸易规模的扩大，发行量也增大了。外商在华开设的银行、中国人自己开办的银行以及各省的官银钱局也都发行纸币，市面流通的纸币规模扩大。由于清代货币制度混乱，使各类货币之间缺乏协调机制，遂造成清末天津金融市场的秩序混乱。

传统信用制度的危机。信用制度是商品经济发展的基础。商品经济越发展，信用制度的健全与否显得越重要。长期以来，在商业交易中，赊欠是一种商业惯例。外客来天津办货，赊欠占多数，大量债务难以收回。如洋行以及洋商银行在与华商交易中，并没有以他们已有的信用制度为准则来建立华、洋商之间的信用关系，而是遵从中国已有的商业信用惯例，或者借助于官府来确认华商的信用。因此，随着交易规模的扩大，原来小规模交易中的传统信用制度显得滞后。

## 三、商会的措施与作用

由绅商领导的天津商会，想方设法，采取种种举措，奔走于政府与商人之间，竭力缓息金融危机。

设立专门机构。1908 年，更为严重的现银贴水风潮再度爆发。为改变现银短缺状况，恢复正常商业往来，天津商会决定设立专门机构以应对。一是仿照上海设立"众商公估局"，于 1909 年成立天津众商公估局，整顿银色。二是恢复成立天津钱商公会，并附属商会，颁订章程细则 18 条，防止流弊，使钱业走入正轨。三是设立"裕津公记银号"，负责放款。

清理积欠和推缓旧欠。每遇金融风潮，必然有大量的银钱号、商号歇业或倒闭，他们在日常经营过程中留下的债权债务关系亟待清理。这些事宜通常都由商会来主持。1910 年 10 月，天津源丰润、新泰号因上海联号的牵连而搁浅，源丰润及新泰号请天津商会设法保护清理。商会发现其核查的账目尚有不敷，当即制定了清理债权债务的条例，直隶总督陈奎龙对其给予肯定，而后成为清末天津市面清理债权债务的基本原则。

推缓旧欠是天津商会提出的一种紧急对策。每遇紧急情况，钱业为了减少损失，对各行商家所欠款项，不论是否到期，往往一律催收。因此，商会专门要求钱业，对各外行所欠其票款，如未到期，不得迫追。1903年5月，刚刚成立的天津商务公所（经众商公举和袁世凯委任）向直隶总督提出挽救市面的四项措施，其中第一项便是推缓新旧欠。此项办法后来逐渐形成惯例。

筹措接济资金。1903年贴水风潮爆发后，钱庄纷纷倒闭，接收天津不久的直隶总督袁世凯"据各钱商等环请，拨借官款以资接济。……发给市面现银不下百万两"。但区区百万，对于积困之后空虚已甚的天津市面来说，无异于杯水车薪，各钱商迫于无奈，复请续发官款以救急。于是，天津商会与驻津的华比银行、东方汇理银行、横滨正金银行、华俄道胜银行协商借款纹银百万两，以解危机。

整理外部环境。当时，天津市面所流通的铜元，本应由北洋银元局及户部造币总厂铸造。1904年初，从外路运津之铜元成色与北洋银元局所铸不同，经常引起市面争论。为此，商会请求直隶总督令巡警局严禁沿海各关口私运铜元，一经拿获，照例究办。与此同时，商会为加快市面铜元流通，向政府提出三个对策，即坚持商民一体通用铜元，关卡不可留难，创设总汇所，使铜元有出有入。尽管商会不断地寻求对策，解缓铜元拥塞状况，但是，政府是否从根本上采取措施，才是真正解决这一问题的关键。

# 四、历史启示

就政府层面而言，政府从一开始就不仅仅作为经济活动的一般管理者，而且还作为经济活动的直接参与者、从事者和组织者，深入经济活动的内部，推动社会经济的发展。清末十年是清政府推行"新政"的时期，清政府提出"上下一心，官商一气，实力整顿，广辟利源"，强调官商合作的必要性，希望借助商会的力量"振兴工商"，双方共同谋利。

就商会层面而言，随着社会力量的分化和多样化，商会从开始成立迅速成长，进入到社会活动的前台。天津商会的领导者针对清末遭遇的金融风潮，多次提出有关的建议和措施，为政府制定各种经济政策，应对市场变化提供了依据。

历史证实，在一系列的金融危机中，单靠政府的力量应对危局，是非常有限的，还需要有其他金融组织的竭力配合予以缓解。从商会来说，因谙熟商情，采取了与政府相互配合的态度，并能采取应急之措，及时化解或缓息了频频爆发的金融危机，使商人的损失尽量减少到最小化，维持了金融市场的平稳发展。

## 作者简介

宋美云，女，1949 年生，山西太原人。天津社会科学院历史研究所研究员，中国商业史学会商会史专业委员会会长。主要研究方向：中国商会史、中国企业史和中国近代社会经济史。著有《近代天津商会》《近代天津工业与企业制度》等，发表论文 90 余篇。

# 清宫乳制品保障机制

宝音朝克图

清朝皇室作为北方少数民族的一员，酷爱食用乳制品。入关之后，清廷即着手筹建宫廷乳制品供给系统，并逐步在内务府建立起相应的管理机制。

## 一、牛圈及牛群的组建

清廷在顺治朝设立三旗牛羊群牧处，由察哈尔都统兼任总管。康熙朝则专门设立了管理宫廷坛庙祭祀及牛羊群畜牧事务的中央机构——庆丰司。到雍正朝时，庆丰司隶属内务府，宫廷乳制品供给系统的管理成为该司一项重要职责。

顺治朝初期，清廷在紫禁城西华门外组建三个牛圈，通称"内三圈"或"内牛圈"，专供宫廷所需牛奶。在京城南苑也设三个牛圈，称"外三圈"或"续牛圈"，负责补充及更换内三圈所需乳牛。南苑另设一处"供乳饼圈"，负责为宫廷加工乳饼。康熙二十三年（1684），为满足宫廷乳饼、乳汁之需，又在京城增建庄园牛圈。最初，内外牛圈分设厩长、厩副各1人，供乳饼圈设厩长1人，各圈厩丁及铡草等役人，均有定额。康熙二十一年（1682），厩长定为八品官。之后，清廷又要求庆丰司派三人会同其他司派出的三人，轮年分管内外六牛圈，还专派茶房章京一人、庆丰司官一人，协同管理内牛圈事务。

京城各牛圈饲养的乳牛均有定额，不过根据需要可以随时增减。乾隆年间，外三圈饲养牛数为482头。内牛圈每日每头乳牛"取乳二斤"，乳汁供膳茶房。宫廷设有专门运送牛乳的役人，据乾隆十七年（1752）的规定，仅膳茶房运送牛乳、木柴的役人就有20名，他们每天将各牛圈所产牛乳及乳制品通过人力或骡车送往膳茶房备用。

京城牛圈每年需要补充及更换乳牛，其来源为张家口口外察哈尔镶黄、正黄、正白三旗负责的官牛羊群牧厂。顺治初年，此处设198个牛群，后裁减为40群，其中，镶黄旗14群、正黄旗13群、正白旗13群。后经多次调整，到乾隆年间，此处共有牛群60个，每群牧放500头牛（《钦定大清会典事例》卷一二〇九，内务府）。在整个清代，口外三旗牧放牛数一直保持在3万头左右。

口外牛群最初每10群设十群长1名，每5群设领催1名，每群设牧丁2名，后又增设牛群协领和笔帖式等员。康熙三十七年（1698）派总管一人统辖口外马驼和牛羊群事务，四十一年又将二者分离，改设马驼群总管、副总管和牛羊群总管、副总管各一人，三年一换。雍正朝时，三旗牛羊群总管由五品官补授者升为四品，由四品官补授者升为三品，由大员补授者则以原品管理；副总管和协领如由无品级者委任，则定为六品，由六品协领补授者定为五品。到嘉庆四年（1799），清廷下令拣选有才能者封四品总管，管理三旗牛羊群事务，并颁给关防一颗。

每年七月，清廷派员前往张家口口外，将选定的牛加烙印后送往京城牛圈，再将各圈淘汰者送回口外，并规定每年从口外取用500头牛，送回口外者不得超过200头。每年二月，京城牛圈须将前一年出入牛数呈明缮本题销，三旗牛羊群总管也要定期具奏每年额外孳生牛数。

此外，皇帝出巡途中，也按在京城所用定额享用牛乳及乳制品，故在京外沿途常年定点饲养乳牛。康熙年间规定，喜峰口至古北口共 58 庄，每庄给乳牛 10 头，"遇圣驾巡幸口外，照口内备用乳牛数目取乳交送尚茶房"。

## 二、牛圈及牛群的管理

清廷在牛圈和牛群管理方面实行奖惩制。在京城，内务府专员定期检查各牛圈的饲养情况，依绩奖惩。康熙朝规定，牛每百头倒毙十三头以上，厩长鞭责八十，厩副鞭责五十。乾隆朝又采取记功过奖惩法：内三圈所养牛犊如有倒毙，由庆丰司核实，按月存案，每年一百头中准倒毙十头，若逾十头以上，记过一次，二十头以上，记过两次，再逾者按十头之数，递加核计；倒毙未及额数一半者，记功一次，无倒毙者记功两次。外三圈、供乳饼圈所养牛犊，每年一百头中准倒毙三十头，若逾额，倒毙五头者记过一次，再逾者按五头之数，递加计算；倒毙未及额数一半者，记功一次，无倒毙者记功两次。以上内外牛圈均每年汇报功过，可以功过相抵。记过之厩长由内务府堂官处理，厩副以下由庆丰司责处，记功者酌量保举，以示鼓励。在张家口口外牧厂，每年春秋两季，清廷均派员查看牛群，每三年派专员清查孳生牛数，依增减情况给予赏罚。

清廷还采取以下措施来确保宫廷牛奶的品质。首先，从口外牛群中挑选乳汁品质优良、适龄、健康的蒙古黄牛供各圈喂养取奶。其次，根据时节变化合理搭配豆、米糟等高营养饲料，确保乳汁品质。比如，秋冬季节乳牛奶量减少甚至断奶，为此，内三圈每年自十月初一日至次年二月终，日增豆五合（gě，十合为一升），并采取煮豆等方法提高饲料的营养。再次，家畜在天然草场上放养，其肉奶品质最佳。为此，京城牛圈中，除内三圈的乳牛须全年圈养取乳外，其他牛圈则每年三月初出青（指野外牧放），十月初回圈喂养。在此期间，内三圈则以每牛增豆五合等有效办法保证营养，并在酷暑时节每日供给适量冰块，达到祛暑降温的效果，以保证乳汁品质。鉴于乳牛健康直接影响乳汁的品质，内务府每年派专员查看各牛圈，若某圈所养乳牛比其他牛圈疲弱，则厩长罚俸六个月，厩副鞭五十，如果连续两年皆属疲弱，则厩长和厩副各鞭一百，均充为厩丁。反之，三年内所养乳牛较别圈肥盛者，量加给赏。

## 三、清宫对乳制品的消耗

清代宫廷消耗的乳制品数量极大，可谓穷奢极欲。首先，皇室成员均按身份分别配给乳牛，消耗大量牛奶。康熙年间规定，皇帝、皇后共用乳牛100头，太皇太后、皇太后各24头，皇贵妃7头，贵妃6头，妃5头，嫔4头，贵人2头，皇子福晋10头，皇子侧福晋5头。就牛奶的消耗量而言，康熙时每日为皇帝做奶子粽子、奶子月饼、奶子花糕各需牛奶100斤，每日为皇上、皇后做小吃鱼儿饽饽亦需牛奶100斤。

其次，清宫日常公务及宴请所需乳制品也甚多。清代宫廷盛宴名目繁多，规模庞大，消费大量的乳汁、乳油、乳饼、乳酒等。如为来访王公、大臣赏茶，正大光明殿和同乐园每日分别用奶50斤和150斤。紫光阁筵宴每次仅备茶就耗奶150斤。

再次，宫廷各种祭祀及佛事活动耗乳量也很可观。据档案记载，为供奉死后的嘉庆帝，寿皇殿自道光元年（1821）四月初二日起每日用奶油 10 斤，安佑宫则自道光三年正月初九日起每日用奶油 10 斤，截至道光十年年底，上述二处共用奶油 65250 斤（中国第一历史档案馆藏军机处录副奏折：《呈道光元年至道光十年底供奉仁宗睿皇帝各处用奶油清单》）。此外，雍和宫、弘仁寺等寺院每日佛事活动用奶量也分别在数十斤以上。

由于清宫乳制品需求量惊人，内牛圈产量供不应求时，亦令其他牛圈供奶，甚至令口外牧场、蒙古各旗等向宫廷进贡乳制品。比如，康熙四十一年（1702），令口外三旗牛群每年向御膳房交送乳油 10122 斤、大乳饼 4418 斤、蒙古乳饼 158 斤、乳酒 4928 斤。康熙年间养息牧场初建时，亦令其岁纳乳油 370 斤、大乳饼 164 斤、小乳饼 6 斤、乳酒 160 斤等。

作为内务府一套专门的管理机制，清代宫廷乳制品保障系统体系完善、管理严密，体现了草原“乳文化”在清代宫廷生活中所占据的重要地位。为满足宫廷乳制品之需，清廷从中央到地方投入大量人力物力经营牧场及牛圈，牛乳供给量亦超出百姓正常消费的数十倍甚至上百倍，充分反映出清宫皇室生活是何等的奢侈。

# 作者简介

宝音朝克图，1962 年生，蒙古族，内蒙古人。中国人民大学清史研究所副教授，硕士生导师。从事清代边疆民族史方面的教学与科研，著有专著《清代北部边疆卡伦研究》以及相关学术论文 20 余篇。

# 景德镇官窑与清宫瓷器揭秘

## 李国荣

江西景德镇是著名的瓷都。其瓷器早在魏晋已很走俏，远销各地。唐宋时期，景德镇瓷器进入宫廷，备受皇帝喜爱。明清两朝是当地瓷业的黄金时期，朝廷在此正式设立官窑，汇集优秀瓷匠，垄断优质的制瓷原料，烧造出巨量至精至美的御用瓷器，景德镇成为中国的制瓷中心。

中国第一历史档案馆保存着大量的清宫瓷器档案，历经数载整理编纂，推出大型专题档案汇编《清宫瓷器档案全集》。透过这些皇宫秘档，可从几个侧面了解到景德镇官窑与清宫瓷器背后的隐秘。

## 景德镇为何能成为皇家官窑

官窑是相对民窑而言的。民窑是为平民百姓烧制日常生活用瓷的窑厂，官窑则指专门为宫廷制造御用瓷器的皇家御窑厂。景德镇原名昌南镇，北宋景德年间，这里的瓷器得到宋真宗的赏识，于是用他的年号来重新命名。明清时期，景德镇成为皇家指定的瓷器烧制厂，而且是这500年间唯一的御用瓷器定点窑址。

景德镇瓷器为何独得明清帝王的青睐？最主要的原因是景德

镇"水土宜陶",制瓷条件得天独厚。景德镇附近高岭村出产的土洁白细腻,是烧制瓷器的理想原料。景德镇的东北部属黄山余脉,林木茂盛,为烧瓷提供了充足的燃料。流经景德镇的昌江,既可淘洗瓷土,也为瓷器外运提供了水路便利。景德镇还是瓷匠的大本营,千百年来,战乱迫使北方窑工一批一批地南迁景德镇,使这里成为制瓷业能工巧匠的聚集地。

## 异彩纷呈的清官瓷

顺治十一年(1654),清廷正式设立景德镇官窑。经康雍乾三朝皇帝的扶植,景德镇窑厂达到空前的鼎盛和繁荣。

康熙帝十分注意学习和吸收中原文化,他和后妃们放下满族传统的粗瓷大碗,爱上了细腻考究的官窑瓷器。康熙时的青花瓷不仅料色青翠艳丽,釉质莹彻透亮,而且展现的画面极富层次。康熙五彩瓷,色彩瑰丽丰富,画工考究精妙。此时外国传教士不断进入宫廷供职,法国传教士带来的珐琅画深深吸引了康熙帝。他决定将珐琅技术尝试用到瓷器上,康熙五十年(1711),珐琅瓷烧造成功。此后,景德镇官窑又将珐琅技术逐渐运用到五彩瓷中,形成了独树一帜的粉彩瓷。

雍正时景德镇官窑烧制珐琅瓷、粉彩瓷的技艺日臻成熟,色泽粉润、装饰秀逸,显得柔丽高雅。这一时期首创以青花料在坯体上勾勒纹样,成瓷后再进行釉上粉彩装饰,使粉彩瓷别具一番清俊华丽之美。

乾隆帝好大喜功、爱摆阔,景德镇官窑在乾隆朝为满足宫廷的特殊需要,烧瓷技术进一步提升,留下了珍贵的瓷器精品。这一时期的粉彩瓷,纹样极为细腻,色彩至为华艳。各式各样的镂雕瓷是一大特色,除镂空透雕的香熏、花篮、灯罩外,更有双层透雕的转心瓶、转颈瓶等，其构造之严密、构思之奇妙，令人叹为观止。乾隆时期还流行仿生瓷，仿照动植物、特别是瓜果形态的瓷器，无不惟妙惟肖，到了几乎可以乱真的地步。之后的清代六朝，景德镇官窑水平逐渐下滑，比较起来说，光绪时的瓷器在清后期算是较为精良的。

景德镇官窑每年运到京师的瓷器成千上万，这么多的瓷器，当然并不是皇帝一个人享用。宫中簿册记载，这些瓷器有的直接搬进御膳房、御茶房，有的分配到紫禁城的各个宫殿陈设摆放，还有大量向西苑三海（北海、中海、南海）、颐和园、圆明园、承德避暑山庄这些皇家宫苑以及太庙、陵寝等分派，更有不少由皇帝拿来赏赐皇子皇孙以及文武百官。清朝皇帝还经常把瓷器作为外交礼品送给各国，比如康熙帝送给法王路易十四、乾隆帝送给英王乔治、慈禧太后送给美国使臣和日本皇后的礼品中，都有大量珍贵的瓷器。向琉球、安南、高丽这些藩属国进行赏赐，官窑瓷器也是必不可少的。

## 皇帝亲自改画样

御用瓷器非常讲究式样。景德镇官窑烧造的大部分瓷器由承办皇宫御用器物的内务府造办处出样。这些瓷样都是根据皇帝的旨意由宫廷画师绘制的，叫画样，有的还做成形象逼真的木样、漆样。官窑接到宫里送来的图样后，严格依照式样烧制。有时内务府直接将清宫旧藏瓷器发往景德镇，叫官窑仿照已有成品式样烧造。另外，景德镇瓷匠有时也会设计出新的花色品种进呈皇帝。

清朝皇帝对官窑瓷器十分重视，常常直接指导和修改瓷器画样，在雍正、乾隆时的宫廷生活档案中，这样的事经常见到。这里，我们透过几个例子，来看看雍正帝对瓷器画样的要求是何等细致乃至苛刻。其一，雍正十年（1732）五月二十四日传旨："藤萝花，再画珐琅器皿时，不必画此花样。"其二，雍正十年十一月二十七日传旨："青山水茶园、酒园俱好，再画些。"其三，雍正十三年（1735）正月初十日传旨："此瓶上龙身画的罢了，但龙须太短，足下花纹与蕉叶亦画的糊涂，嗣后再往清楚里画。"

## 烧造数量及花费

景德镇官窑每年要为皇帝烧造多少瓷器？督窑官唐英在雍正十三年（1735）曾奏报，每年秋冬两季向皇宫上交瓷器总共 600 余桶，其中盘、碗、碟等圆形瓷器 17000 件左右，瓶、坛、尊等雕琢瓷器 2000 余件。当然，这些都是精心挑选出来的上好瓷器。乾隆六年（1741）的统计数字显示，这年共烧过瓷器胚胎 42700 多件。咸丰年间，由于太平天国起义，一年只烧造几百件。同治七年（1868），景德镇官窑为同治帝大婚烧制瓷器 120 桶，计 7294 件。

景德镇官窑烧造瓷器的开销账目是十分清晰的。从现存档案看，自乾隆年间到宣统二年（1910），基本上每年都有各种清册进呈内务府，银两数目极为详细，大到本年烧造瓷器所用的银数，小到捆扎瓷器稻草的花费，每笔开销都记载详尽。奏销账目中若差分毫，都要由督窑官赔补。

那么，景德镇官窑一年要花多少银子？清宫档案记载，康乾时期每年烧瓷用银的限额是 1 万两，比如，雍正十三年，用银 8000 两；乾隆六年，用银 9880 两。晚清虽是内忧外患，国库空虚，但慈禧太后为了个人的享受和挥霍，却是大把大把地向窑坑里扔银子。她五十大寿时烧制瓷器用银 15000 两；六十大寿时值中日甲午战争，而烧瓷所花的银子是惊人的 121100 两；七十大寿时，烧瓷又耗银 38500 两。

## 官窑瓷器的损坏赔补和次品处理

瓷器在烧造过程中，不可避免地会有损坏。乾隆十二年（1747），管理内务府的庄亲王允禄在奏折里说，按以往定例，烧造瓷器损坏三成以上，要由督窑官赔补，三成以下的不追究责任。他认为这个规定太宽，经他奏请，从这一年开始，改为瓷器烧造损坏两成以上就要赔补。

以往有一种说法，官窑烧造出来的次等瓷器，都砸碎销毁了。实际情况怎样呢？明代中期以前确是如此，官窑稍差些的瓷器，皇帝不想用，别人也不能用，都砸碎销毁了。所以后来在景德镇的窑址附近能发现埋有成堆的明代官窑瓷片。但从明朝中期之后，官窑烧造出来的次等瓷器就不砸了，而是进行变卖。

档案记载，雍正十三年（1735），督窑官唐英在向皇宫上交 19000 余件上等瓷器的同时，还有 7 万多件落选的次等瓷器也一起送往京师，"以备赏用"。庄亲王允禄在奏折里说，次色瓷器虽有瑕疵，但在民间也算是上好的美器，因此按惯例变价处理。乾隆六年（1741）以前，景德镇官窑的次等瓷器，都要送到京师，或是皇帝用来赏赐，或由内务府的瓷库变卖处理。由于把几百桶的瓷器运到京师还要花一大笔包装费、运输费，乾隆六年以后，次等瓷器就在景德镇当地直接处理了。但不管在哪里变卖，这笔钱都要揣入皇帝的腰包，交到内务府的银库里去。

# 作者简介

李国荣，1960 年生。中国第一历史档案馆编研部主任、研究馆员，《历史档案》杂志总编辑，中国档案学会档案文献编纂学术委员会主任。主要著作有《帝王与佛教》《清朝十大科场案》等，担任多部历史纪录片主编、历史顾问。

# 科举制废除的得与失

## 李喜所

　　科举制确立于隋唐，历经宋元尤其是明清的不断演变，至清光绪三十一年（1905）被废除，有1300年的历史。它是中国封建社会影响深远的一种选官制度和教育制度。

　　科举考试以儒学为正宗，保证了维护皇权的儒家学说的独尊地位。它容许所有的士人参加考试，建构了一种相对公平、公开的竞争机制；经过严格考试后的官吏，大都有较高的文化水准，保证了官吏的基本文化素质；大量的民间士人进入官场，既解决了统治者对人才的渴求，又保证了官吏的新陈代谢，缓解了社会矛盾，同时还推动了与之联系最密切的教育发展。

　　但是，科举制毕竟是封建专制社会的产物，当1840年鸦片战争之后，随着官办和民间教育不断提升，中国社会逐渐走向近代，科举制也暴露出许多问题，尤其是近代人才的培育难以解决。

　　突出表现是，明清以来推行的八股考试方法，将考试的内容局限在四书五经的狭小范围内，空谈"义理"，脱离实际。八股取士用八股文将士子们的思想困在封建纲常礼教中，又以功名利禄将他们牢牢吸引。与科举考试紧密相连的书院、私塾，更无法和欧美崛起的现代教育相提并论。特别是科举制度的存在，使近代教育难以发展，科技人才难以选拔。科举制所要求的陈腐僵化的教育内容，造就了士子们死守"成法"的禁锢性思维，对任何社会变革都加以反对。视野狭窄、目光短浅的读书人，与近代化的各种新型科学技术人才要求相去甚远，与富国强兵和现代工商业发展的要求严重脱节，不能解决近代化建设中的人才需求。所以，龚自珍、魏源等有识之士抨击科举制"病国害民"，呼吁"不拘一格降人才"。魏源还建议清政府在东南沿海招收一些能工巧匠，授以西方军事、工程等先进技能和科技知识，考试合格者，给予举人、进士出身。

19世纪60年代之后，随着引进西方近代工业和科学技术为中心的洋务运动的兴起，如何培养近代新型人才的问题更为迫切，批评和改革科举制度的呼声日高。李鸿章等洋务官员，从办理外交、创办工厂企业、修铁路、搞通讯和练海军等洋务事业急需新式人才的角度出发，也呼吁改革科举制度，特别是修改考试内容。李鸿章上奏清廷，提议：1. 清除科举考试"所用非所学"的弊病，把洋务和科技列入考试范围，"另开洋务进取一格，以资造就"；2. 设立洋务局，分为"格致、测算、舆图、火炮、机器、兵法、炮法、化学、电气学数门"，学有所成，经考试合格者，"与正途出身无异"（参见李鸿章：《筹议海防折》，《李文忠公全书·奏稿》卷二四）。考试内容就是强有力的"指挥棒"，事关读什么书，走什么路。一些官员担心考试科目一变，儒家义理必然弱化，封建体制将受严重冲击，坚决反对考试内容变革。清廷本无意变科举，对李鸿章之议置之不理，不了了之。

无奈之下，李鸿章等洋务官僚在东南沿海办起了20多所洋务学堂，涉及外语、科技、工程、通讯、航运、军事等许多方面，还于1895年在天津创办了中国第一所大学——天津中西学堂（1903年更名北洋大学），同时向美国、欧洲选派了包括詹天佑、严复在内的 200 多名留学生，以解决洋务人才的燃眉之急。这无形中又拓展了一条人才培养的新途径，是对传统科举制度的严重挑战。

1898 年的戊戌变法，进一步揭露了科举制的严重问题。康有为指斥科举制是一种过时的、无用的、愚民的自欺之策，所考中的翰苑清才"竟有不知司马迁、范仲淹为何代人，汉祖、唐宗为何朝帝者。若问以亚非之舆地、欧美之政学，张口瞪目，不知何语矣"。其恶果是使举国"野皆愚民，庠皆愚士，朝皆愚吏"，提出在当前"万国交通"、竞争激烈的新形势下，必须"立废八股"，改试策论。梁启超抨击科举制是毒害腐蚀中国的"大蠹"，八股取士是愚民政策，"为中国锢蔽文明之一大根源"。严复则明确指出，八股取士有"锢智慧""坏心术""滋游手"三大危害，"上不足以辅国家，下不足以资事畜。破坏人才，国遂贫弱"。

社会各界对科举制尤其是八股取士的严厉批判，形成了一股强大的舆论压力。一时间，"缙绅士庶、田夫市侩以及识字妇女、学语小儿，莫不交口而訾（zǐ，说人坏话）曰'八股无用'"。1901 年 8 月，清廷诏令废止八股取士。1901 年后，随着清政府"新政"的全面推行，在军事、教育、法律、官制、工商、农林，乃至宪政等方面推行了一系列改革，对新人才的需求与日俱增，废除科举、兴办学堂，几乎成了举国上下的一致呼声。与此同时，各种新式小学、中学、师范、实业、军事，乃至大学、留学生教育等，发展迅猛，旧式的科举教育已经萎缩、退化。

1905 年 9 月 2 日，袁世凯、张之洞等联合上奏，请求废除科举，推行现代教育制度，大力培植新型人才。清廷准奏，决定从1906 年停止所有科举考试。靠科举谋前程的传统士人不得不进学堂、入军营，有钱者出国留学，穷苦者则流落城乡，以寻求新的出路。这虽然引发了不少士人的不满和社会动荡，但有力地推进了新学堂和留学教育的迅猛发展，迎来了划时代的教育大变革，为中国现代教育的确立奠定了根基。可以说，没有科举制的废除，就不会有中国的现代教育。

废除科举，意义重大，但选官选才的问题却并未得到解决。清末由于缺乏决策过程中的民主机制和政治家的决断能力，在没有经过充分讨论、辩驳，深思熟虑的情况下，就匆忙废除科举，所带来的后遗症极其明显。

孙中山在"五权宪法"中曾设计了一个"考试权"，旨在实现选官的公正和吸纳精英分子。但由于和"行政权"的矛盾和缺少可操作性，变为一纸空文。其中的节点在于，找不出一个既公开、公正、平等竞争，又评判合理，操作简便易行，真正让优秀人才脱颖而出的优越的用人制度，来代替科举选官。

民国时期，由于失去了科举选官的基本标尺，官吏的选拔五花八门，乱象丛生，有举荐的，有凭学历的，也有考试的，更多的则靠美其名曰"举贤"的长官意志，拉帮结派，甚至金钱贿赂、拉关系、走门子。考察民国时期的选官制度，随意性非常大。选官之腐败、操作之黑暗，更令人发指。

历史地看，废除科举，对现代教育的发展是有利的，对比较公平有效的选拔官吏则是有害的。正确的选择应该是：保留科举制的选官职能，并结合社会的演变，进一步改进和完善以考试为核心的选官用人制度；废除科举制的教育功能，剔除固有的考试内容和考试方法，支持新型学校的建立和留学教育的发展。

# 作者简介

李喜所，1946 年生，河北涉县人。南开大学历史学院教授、博士生导师，兼任南开大学中国近代史研究所所长、天津文化研究中心主任、美国黄兴基金会研究教授、德国明斯特大学客座教授、日本早稻田大学特约研究员等。享受国务院特殊津贴。代表作有《中国近代史——告别帝制》《中国近代社会与文化研究》《五千年中外文化交流史》《中国留学通史》《梁启超传》等 16 部专著，在《中国社会科学》《历史研究》《近代史研究》等刊物发表论文百余篇。

# 赵尔巽在《清史稿》纂修中的贡献与局限

## 赵晨岭

赵尔巽（xùn）（1844—1927），同治十三年（1874）进士，授翰林院编修，后历任贵州石阡知府、贵东道，安徽按察使，新疆、山西布政使，湖南巡抚，户部尚书，盛京将军，湖广、四川、东三省总督等职。1914年应北洋政府召请任清史馆馆长，他病逝后的第二年（1928年），此次清史纂修的成果——《清史稿》付梓刊行。

赵尔巽任馆长期间的清史馆可分为三个阶段。从其就任到1916年中袁世凯去世为初期，其间史馆获得支持力度最大；从袁世凯去世到1926年中为中期，修史事业在经费困难中挣扎前进；1926年中至次年9月赵尔巽去世为后期，史稿基本完成，筹备刊印。

## 一、修史贡献

（一）多方筹款，勉力维持

修史经费是清史馆运行的前提，赵尔巽非常重视。1914年6月，报载他和同期筹备开馆的国史馆馆长王闿运"均视事筹划开馆问题"，并分别向大总统袁世凯申请启动经费。结果袁世凯指示北洋政府财政部，给国史馆 2 万元、清史馆 1 万元，作为筹备开馆之用。

同时，赵尔巽着手寻找办公地点。经过半个月的实地考察，认为"前清国史馆、实录馆及各公所等处房屋颇为合用，两馆档册近在咫尺，调阅保存均极便易"。出于方便使用档案文献的考虑，赵尔巽择定前清国史馆、实录馆及会典馆的旧址（今故宫东华门内），由于前述开办经费并未考虑房屋翻新改造的开销，于是又重新申请，追加为 2 万元。另外，清史馆的日常办公经费为每年 26 万元，也即每月经费超过 2 万元，这在当时可以说相当宽裕。

1916 年 6 月，袁世凯去世，清史馆失去了最有力的支持，修清史也不再是报界的热点，相关报道从之前每月必见减少到数年一见，逐渐淡出了公众的视野。时任清史馆协修的朱师辙后来回忆："民国五六年间史馆受时局影响，经费支绌，薪水叠减。"在这种困难的局面下，赵尔巽竭其所能多方面为史馆筹款，勉力维持。

1920 年，《大公报》以《清史馆之穷状》为题，报道了史馆的困境："昨闻该馆又函财政部陈种种现状，……上年旧欠既未筹拨，本年月薪又未应付。"次年，赵尔巽与新任财政部长张弧交涉，张终于答应"月拨一万二千元，作为定案"。这在一定程度上缓解了史馆经费困难的燃眉之急。可惜好景不长，1923 年，继任的财长王克敏准备取消拨款，赵尔巽只得继续致函索款。他指出，早在几年前，自己就"纯尽义务"，不但不再领取馆长薪金，甚至还抵押变卖自己的私产用来应急。可见史馆的窘境和赵尔巽的不懈努力。

1925 年，赵尔巽为了能将史稿刻印，向北洋政府提出了"动利不动本"的借款方案："拟请政府拨款，发交本馆，改为包办性质，限以三年，全稿竣工。如能拨四十万，则动利不动本，届时仍将本缴还。"此设想极有创见，可惜在纷乱的时局中，北洋军阀自顾不暇，这一申请如石沉大海，不见回应。

得不到政府的经费支持，赵尔巽只好一方面通过私人关系，向各地军阀张作霖、吴佩孚、张宗昌等人募捐，另一方面依靠史馆资源来创收。如当时浙江藏书家刘承幹付款请史馆代抄清国史馆资料，赵尔巽为缓解经费困难而大力支持，而此抄本即后来出版的《清国史》，这可谓是《清史稿》纂修在文献资料方面留给学界的副产品，一个意外的成果。

（二）遍选史才，网罗名流

赵尔巽认为，"馆中用人必取学问优长，熟于前清掌故而又久耐笔砚，恬静少出喜清闲者"。据报载，他"对于用人问题取普遍主义"，"拟于各省皆聘一二人，以为网罗各省事实"。1915年初，他命人对修史人员的地域分布进行了统计，结果发现甘肃人最少，于是专门添聘该省学者秦望澜担任校刻兼协修。这样的用人方针对于修纂清史事业大有裨益。

为了广泛争取各方支持，赵尔巽专门设立名誉职务，"分为名誉总纂、名誉纂修、名誉协修三种"。如著名学者梁启超、曾任民国总理的熊希龄等人，都是清史馆的名誉总纂，他们在出谋划策、舆论支持等方面，也给了史馆不少助力。如此广泛礼聘各界名流，不仅提高了修史的权威性，也为修史创造了良好的外部环境。

（三）悉心操持，不断劝勉

当时各报对赵尔巽的工作给予了很高的评价，赞扬他"年逾高，德逾劭"。称他"在前清历任各地方长官，甚有作为"，任清史馆长后"一仍其旧，办事极认真，勤勤恳恳，每日必到馆，督促馆员奋力进行"。说他经常巡视各修史人员的办公室，"谆谆恳恳，不厌其言之详，有如良师之诲弟子者"，且随时"接见一切办事人员，咨询告诫，莫不井井有条"。

在史馆遭遇经费困难之后，赵尔巽一方面清理整顿馆务、节约开支，"将办事不力人员一律停薪"，一方面注意不断鼓舞士气。他曾邀集各馆员谆谆劝勉，表示："鄙人作事不愿有始无终，兹事鄙人既表赞同于创办之初，万无中道而止之心。只要大家努力，鄙人当竭诚以助。"在他的激励和努力下，史馆的工作才没有全面停顿。

## 二、管理局限

赵尔巽长于行政管理，但对史馆的学术管理有很多不到位之处。《清史稿》刊行之后，各界批评之声不断。论者普遍认为，该书存在立场观点不对、篇目设置缺失、档案文献运用不足等诸多问题。笔者以为，其中和赵尔巽关系最密切的问题，是史稿无人总阅及其弟传记书写不当。

无人总阅是导致《清史稿》产生严重质量问题的重要原因，对此赵尔巽应负全部责任。早期他拟请学者于式枚任总阅，但于氏未就任。中期他希望总纂缪荃孙担任总阅，而缪氏早逝。晚期史馆仍无总阅，临终前他推荐总纂柯劭忞继任馆长，而柯氏又不甚负责。结果史稿最终在无人总阅的情况下，由校对金梁直接印出。

此间，赵尔巽与缪荃孙的合作也不顺利。从缪氏在其日记中记载的只言片语，可以大致还原出一些史事并看到他对赵尔巽的一些评价。如丁巳年（1917）九月十日，缪荃孙记"馆长交传册一本，无用之物"，己未年（1919）二月八日，"接赵次山信，殊堪发指，亦见稿本从未经眼也"。

赵尔巽作为清末的封疆大吏，亲历史事是其修史的优势，但是否能够做到客观公正记述历史，则还有一个态度问题。《清史稿》在这方面存在的问题甚多，本文不加赘述。仅举一例：他虽然要求修史人员"公平持论，事事纪实"，但其弟赵尔丰在《清史稿》中的传记却大有可议之处。该书将赵尔丰和松寿合传。赵尔丰在清末任四川总督，辛亥革命中被杀，松寿则是闽浙总督，辛亥革命中自尽。二人事迹相似，而松寿传仅有二百余字，赵尔丰传却多至近两千字。学者傅振伦先生在《〈清史稿〉评论》中指出，赵尔丰传字数太多，"详略悬殊，一至于此，盖尔丰为清史馆馆长赵尔巽之弟。故侈言过誉，不知剪裁，浮词浪语，逮亦多矣"。

按照赵尔巽的设想，清史馆准备从 1927 年始用数年完成统稿，但此时南方革命军北伐节节胜利，北洋政府摇摇欲坠，赵尔巽也病入膏肓。他担心多年心血毁于战火，决定将史稿提早付梓。当时，总纂夏孙桐表示反对，认为如果提前刊印，将"难逃后世之责备"。从后来学界对《清史稿》质量的批评看，此事不幸为夏氏所言中。但是，《清史稿》的提前刊印，客观上使这部至今仍具一定参考价值的史稿得以完整保存。

# 作者简介

赵晨岭，1978 年生。国家清史纂修领导小组办公室工作人员，中国人民大学历史学院史学理论及史学史专业博士生。

# 沙尔虎达、巴海父子的抗俄斗争

## 赵云田

在晚清东三省建立前的 200 多年间，清廷以军府建置统治东北，其中吉林将军占有重要地位。吉林将军前身是宁古塔（今黑龙江海林、宁安一带）昂邦章京（满语音译，汉语意为总兵官），康熙元年（1662）升为镇守宁古塔等处将军，康熙十五年移驻吉林乌拉城（今吉林永吉），乾隆二十二年（1757）改称吉林将军。军府制度对稳定清朝在东北的统治起到重要作用，在清初反击沙俄对黑龙江地区的侵略、维护国家领土完整等方面作用尤其显著。其中，首任宁古塔将军巴海及其父沙尔虎达在反抗沙俄侵略的斗争中，作出了重要贡献。

沙尔虎达，姓瓜尔佳氏，明万历二十七年（1599）出生在黑龙江中游虎尔哈地方的苏完部。后金天命十年（1625），他随父投归努尔哈赤。沙尔虎达参加了对明朝的战争，立有战功，并于顺治元年（1644）奉调入关。

在清朝统一中原的战争紧张进行的时候，俄国对中国东北黑龙江流域的侵略也一步步升级。先是波雅科夫率领的哥萨克（突厥语音译，意为"自由人"，东欧草原的游牧社群，后成为沙俄的特殊军人阶层，是支撑俄国向东扩张的主要力量）侵入中国达斡尔人居住的地区，疯狂劫掠，烧毁村庄，犯下滔天罪行。后来又有哈巴罗夫匪帮窜扰黑龙江，强占了中国的雅克萨城，并对达斡尔人进行野蛮屠杀。由此，清廷决定加强黑龙江地区的防卫力量，抗击沙俄入侵。顺治九年（1652）七月，沙尔虎达奉命统率所部驻防宁古塔。十年五月，升任昂邦章京，管辖开原以北、外兴安岭以南、滨海地区包括库页岛在内的广大地区，与沙俄入侵者展开了面对面的斗争。

不料刚上任不久，沙尔虎达就身患重病。顺治帝特地从北京派御医前往宁古塔为其治疗。沙尔虎达深受感动，带病在前线坚持指挥。俄国哥萨克侵略黑龙江地区，给这里的达斡尔等族人民带来了深重灾难。他们听说沙尔虎达率兵驻守宁古塔的消息后十分高兴，头人们纷纷前来请求保护。沙尔虎达顺应形势，采取措施，密切与各族头人的联系，并通过他们在各少数民族中编户设官，继续扩大影响，很快建立起一整套的管理制度，为稳定边疆、抗击侵略打下了基础。

沙尔虎达病体康复后，立即率军向入侵者发起进攻。顺治十一年六月（1654年7月），他统领满洲兵300名、朝鲜鸟枪兵100名以及赫哲族壮士300人，分乘20多只战船和140多只小桦皮船，在松花江上与斯杰潘诺夫率领的370余名哥萨克展开激战。沙尔虎达命令一部分清军抢占江边高地，布好阵势，并在四周以柳棚作为隐蔽物，命鸟枪手从隐蔽处向哥萨克射击。俄国侵略者被迫弃舟登岸，企图寻找机会扭转被动局面。沙尔虎达毫不松懈，一面命鸟枪手继续施放枪炮，压制敌人；一面命弓箭手也投入战斗，加大杀伤力。在清军强大火力的攻击下，斯杰潘诺夫匪帮只好仓促上船，狼狈逃窜，龟缩在黑龙江上游呼玛城堡里，很长时间都不敢出来。

顺治十二年二月，清廷派固山额真明安达礼率领京师八旗兵进攻呼玛城堡。尽管清军在蒙古、达斡尔等少数民族人民的支持下，消灭了在河中制造船只的俄国哥萨克100多人，但其余的哥萨克依靠城堡坚固和火力优势仍然负隅顽抗。经过十几天的激战，清军始终未能攻下呼玛城堡。最后，明安达礼下令毁掉哥萨克在河里的全部船只，撤围返回京师。此后，哥萨克又开始四出骚扰，黑龙江流域各少数民族的安定生活再次受到严重威胁。面对这种情况，沙尔虎达想尽一切办法消灭入侵者。顺治十四年初，当地天寒地冻、大雪纷飞，哥萨克龟缩在黑龙江下游的尚坚乌黑地方（今佳木斯市附近山音村）。沙尔虎达获取这一情报后，不畏艰难险阻，领兵长途奔袭，出其不意，大败哥萨克，给侵略者以沉重打击。顺治帝对此战果非常满意，特意颁赏衣帽等物给他。

顺治十五年（1658）春，沙尔虎达建造了40只大船，大大加强了水上作战能力。他上奏顺治帝，希望照会朝鲜国王，派出能熟练使用鸟枪的士兵200名配合作战。朝鲜鸟枪手在五月中旬到达宁古塔。准备工作完成后，沙尔虎达密切关注俄国哥萨克的动向，以捕捉战机。终于，机会来了。七月，斯杰潘诺夫带领500名哥萨克，乘船在黑龙江上抢劫，并闯入松花江。沙尔虎达立即率领所部，分乘47只战船，在松花江和牡丹江会合处（今黑龙江省依兰县城附近）布好阵势，准备全歼入侵者。他命令先把敌人的船队拦截住，防止其逃跑；然后鸟枪手齐射，把敌人赶到岸上，再给以致命打击。经过一番激战，有270余名哥萨克被击毙或生俘，还有一些慑于清军声威，不战而降。斯杰潘诺夫本人也在战斗中丧命。只有180余名哥萨克在开战时就逃往黑龙江上游而得以活命。沙尔虎达上奏此役情况后，顺治帝颁发谕旨："命兵部议叙，以所俘获，分赐有功将士。"（《清世祖实录》）不久，清军收复了雅克萨城，拆除了哥萨克强建的堡寨。沙俄的另一个侵略据点——呼玛城堡，也被中国军民烧毁。抗俄斗争取得了阶段性胜利。

谁知此后不久，沙尔虎达又患重病，于顺治十六年（1659）一月在宁古塔逝世，享年61岁。三月，沙尔虎达的灵柩运往京师，顺治帝派遣内大臣赍茶酒迎奠，追封他为太子太保，谥号"襄壮"，并立碑纪念。顺治帝还谕示吏部："宁古塔系边疆要地，沙尔虎达驻防年久，甚得人心。今已病故，其子巴海素著勤慎，堪代其父。"（《满汉名臣传》）于是，巴海被授为宁古塔总管，继承父志，开始了抗击沙俄、保卫边疆的斗争。

顺治十七年夏，一伙俄国哥萨克又窜犯黑龙江流域，抢夺粮食，杀人放火，一度稳定的东北边疆又陷入动荡之中。巴海闻讯后，立即和副都统尼哈里等率兵来到黑龙江和松花江的交会处，对敌人进行堵截。当巴海了解到哥萨克匪帮正在飞牙喀（清代对黑龙江下游和库页岛土著居民的称呼）西境骚扰的时候，又率兵火速赶往该地，把船埋伏在河水拐弯处，准备给敌人以突然袭击。不久，俄国哥萨克船队出现在江面上，巴海一声令下，埋伏好的清军水师从四面八方向敌人开火，哥萨克匪徒们猝不及防，最后不得不弃船登岸逃跑。清朝水军一部分从江面乘船追赶，一部分从陆路包抄。结果，这伙哥萨克匪徒有60余人被击毙，还有100余人淹死，所乘坐的船只和使用的枪炮军器等均被清军缴获。

康熙元年（1662），宁古塔总管升格为宁古塔将军，巴海即成为首任宁古塔将军。为有效抗击沙俄入侵，他主要做了两方面工作。一是加强对边疆少数民族的管理。康熙十年，巴海派遣副都统安珠瑚"招徕东海部落四千七百余丁，安置宁古塔附近，设佐领四十员……分辖其众，号新满洲"（《吉林通志》）。这大大加强了清朝在东北的防卫力量。二是积极操练军队，整备器械。康熙十五年，宁古塔将军移防吉林后，巴海即上奏商调内地汉族工匠前来修造战舰，兴建水师。这一年共修造战舰 40 艘，"设营炮水手总管一员，四品官二员，五品官二员，骁骑校四员"（《盛京通志》），为后来雅克萨之战的胜利奠定了基础。

巴海任宁古塔将军 20 余年，尽职尽责。他和其父沙尔虎达的抗俄斗争，反映了中国人民反抗外来侵略、保卫国家的伟大精神。

## 作者简介

赵云田，1943 年生，北京人。中国社会科学院近代史所研究员。1993 年开始享受国务院颁发的政府特殊津贴。国家清史纂修工程《史表·藩部封爵世表、四大活佛世表》项目主持人。著有《清代蒙古政教制度》《中国边疆民族管理机构沿革史》等。

# 总理衙门与近代外交

## 张晓玮

距今 150 年前的 1861 年（咸丰十一年），清廷设立总理各国事务衙门，即总理衙门，亦简称总署或译署。它是在内忧外患的形势下，为办理纷繁复杂的涉外事务而设立的正式外交机构。自总理衙门建立至 1901 年（光绪二十七年）改设外务部的 40 年中，中国近代外交制度逐步得以确立。

## 一、设　立

鸦片战争以前，清廷一直未设置专门的外事机构，凡有藩属朝贡事务或对外往来与交涉事宜，均由礼部、理藩院兼管。在对外贸易方面，则多交粤海关办理，授粤海关监督、两广总督、广东巡抚等以外贸管理权，政府也不直接同外商打交道，一切事务均由"十三行"的行商居间承办。如遇重大对外交涉，则由皇帝派钦差大臣办理。鸦片战争后，中国传统的外交格局被打破，"五口通商"（指开放广州、厦门、福州、宁波、上海五处为通商口岸）使外交事务日渐频繁，清廷于道光二十四年（1844）设置五口通商大臣，特加钦差大臣衔，负责办理与各国通商事宜，实际上承担着处理对外关系的重要任务。

第二次鸦片战争后，外国侵略势力逐渐从沿海扩大到长江流域，从华南伸展到东北，中外交涉也扩展到政治、经济、文化、军事各个领域。列强不愿以"外夷"身份同清廷打交道，亦反对通过礼部、理藩院及沿海督抚进行间接交往，强烈要求清廷设立专门的外交机构。1860年（咸丰十年）6月英法联军攻入北京城，咸丰帝仓皇逃往热河，同时发布上谕由其弟恭亲王奕䜣督办和局。次年初，奕䜣等上《统筹夷务全局折》，酌拟了六条章程作为办理外交的对策。其首要一条，就是奏请另给公所，设立总理各国事务衙门，专管各国事务。不久，咸丰帝即批准了六条章程，但因当时"通商"即外交之习惯用语，于是定名为"总理各国通商事务衙门"。奕䜣等人急忙再奏，称：如外国使臣见有"通商"二字，必定误认总理衙门"专办通商，不与理事"，既多饶舌，又滋疑虑。"应请该酋等来询问时，告以臣等即系总理各国事务，并一面行知礼部，铸造关防，拟节去'通商'二字。嗣后各处行文，亦不用此二字，免致该夷有所藉口"。咸丰帝并无限制总理衙门外交权力的意图，立即朱批"依议"，总理各国事务衙门随即成立。

## 二、建　制

总理衙门设立后，奕䜣等人拟定了未尽事宜章程十条，内容包括建立衙署、挑选司员、办公制度、经费开支等。此前，战时办理涉外事务的"抚夷局"设于地安门外嘉兴寺。但在寺院办公只是权宜之计，奕䜣原拟在礼部设所，但考虑到礼部为考论典礼之地，"体制较崇"，"夷酋"时常往来，"殊与体制未协"，如借用礼部大堂接见外使，则"尤多窒碍"，于是决定另立衙署。当时总理衙门被定义为"俟军务肃清，外国事务较简，即行裁撤"

的机构，显见清廷对外交仍缺乏清醒认识，并无长久打算。由此，最终决定"义取简易"，"一切规模，因陋就简"，将东堂子胡同原铁钱局公所加以改修整理，作为总理衙门的衙署（今东堂子胡同49号院）。

总理衙门组织体制"一切均仿军机处办理"，官员亦分大臣、章京两级。大臣无定员，规定以亲王一人领班，为首席大臣，遇事由其领衔上奏；其他则由皇帝从军机大臣、内阁学士、各部尚书、侍郎中"特检入值"，统称"总理各国事务衙门大臣"。最初，仅设大臣及大臣上行走共3人，咸丰帝委派奕䜣及大学士桂良、户部左侍郎文祥担任。总署的章京承担具体工作，由内阁、部院、军机处挑选保送，初设满汉各8人，后增至各10人，遂为定额。另有地位较高的总办章京满汉各2人，帮办章京满汉各1人，负责综理日常事务，记录交涉会淡，照料外交仪式。同治朝以后，总署又增设章京，并实行分股办事。初分英国、俄国、法国、美国四股，分掌该国及其他有关国家交涉及贸易、留学、华工等事务。后于光绪九年（1883）增设海防股，掌理南北洋海防等事。附设机构有京师同文馆和海关总税务司署。

总理衙门原本是单纯的外交机构，咸丰十一年（1861）秋辛酉政变之后，奕䜣成为议政王大臣兼首席军机大臣，由他主持的总理衙门的地位也随之提高，其实际职权远远超出严格的涉外事务范围，一时间俨然成为总管洋务新政的中枢。正如《大清会典》所载，总理衙门"掌各国盟约，昭布朝廷德信，凡水陆出入之赋，舟车互市之制，书币聘饷（xiǎng，用酒食招待客人）之宜，中外疆域之限，文译传达之事，民教交涉之端"，以及各国使臣来贺等事，均交该衙门执掌办理。

# 三、总理衙门与近代外交

总理衙门打破了传统的外交格局,全面负责清朝外交和洋务,开启了中国外交走向世界的历程。

## (一)尝试派使出洋

第二次鸦片战争中,清廷被迫与英法等国签订《天津条约》,允许外国公使驻京。列强纷纷派遣公使常驻北京,而中国却一直未曾遣使出洋。同治五年(1866),总税务司英国人赫德(Robert Hart)告假回国,奕䜣认为"洋人往来中国,于各省一切情形日臻熟悉,而外国情形,中国未能周知,于办理交涉事件,终虞(yú,担心)隔膜",于是派知县斌椿带其子及同文馆 3 名学生,随同赫德出国考察。其任务是将各国的山川地理及风土人情详细记载、绘图贴说,带回国内以资引证。这是一次观光旅游性质的出使,但却是总理衙门派使出洋的第一次尝试。斌椿等人周游欧洲十一国,西方国家对此举表现出赞赏态度,打消了清廷的疑虑,初步验证了遣使的可行性。

## (二)派遣外交使团

同治七年,《天津条约》规定的十年修约之期将至,清廷担心列强趁机"索要多端",急欲事先遣使笼络各国。然而,考虑到外语、外交经验及中外礼仪等问题,一直未能遴选到合适的官员担此重任。恰逢当时美国驻华公使蒲安臣(Anson Burlingame)辞职回国,奕䜣认为蒲氏"处事和平,能知中外大体,遇有中国不便之事,极肯排难解纷",遂奏请让蒲氏代表中国出使。清廷即派蒲氏为办理中外交涉事务大臣,命总理衙门章京志刚和孙家谷会同办理交涉,并任命英国驻华使馆翻译柏卓安(John M. Brown)和法籍海关职员德善(E. de Champs)为左右协理,另有中国秘书和随行人员 30 余人一起组成出使欧美各国使团。蒲安臣使团先后访问美、英、法、瑞典、丹、荷、普鲁士、俄等国。其间蒲氏病故，志刚主持使团继续访问了比利时、意大利和西班牙。这次出访由外国人领衔，虽然不太光彩，但奕䜣认为此举"于中外一切交涉事件颇为有益"，进一步增加了清廷对外遣使的信心。

（三）确立使领制度

随着对外交涉日渐增多，总理衙门大臣多次奏请清廷确立出使制度。光绪元年（1875），清廷任命郭嵩焘为出使大臣，旋又正式派为驻英公使，他成为中国第一位驻外公使。同年，陈兰彬任驻美公使，次年，许钤（qián）身为驻日公使。1877 年 11 月，刘锡鸿被任命为驻德公使，兼任驻奥匈、荷兰公使。1878 年，崇厚为驻俄公使，这年又设驻法公使，并由郭嵩焘兼任。为保护华工、华侨权益，清廷先于光绪元年在美国旧金山设置总领事，抚绥侨民，管理商务。次年，郭嵩焘奏准于英属新加坡设立领事，同年设立日本各口岸理事官（后改为领事官），五年设立檀香山领事，八年设纽约领事，十年设吕宋领事、仰光领事，二十年置韩国各重要口岸领事等。使领制度的逐步确立促进了海外使领馆的日渐完备，总理衙门居间起到了重要的作用。

在晚清，中国的外事机构经历了从无到有、从临时部门到固定建制的过程。总理衙门作为近代中国第一个正式的外交机关，是后来外务部、外交部等专门外交机构的雏形，对于中国近代外交制度的确立和发展具有重要意义。

## 作者简介

张晓玮，女，1983 年生，河南安阳人。中国人民大学清史研究所博士，国家清史编纂委员会传记组工作人员。发表有《钱编〈清季职官年表〉之"福建陆路提督"表校勘及补遗》《晚清广东地方的外交官制》等论文。

# 北洋水师与"长崎事件"

## 杨东梁

1874 年（同治十三年），已经开始明治维新的日本入侵台湾，这让清廷极为震惊，意识到加强海防的重要性，第二年（光绪元年）即着手筹办南、北洋海军。1884 年（光绪十年），福建水师在中法战争中遭受重创，有海无防的现实使清廷进一步认识到建设海军的紧迫性，并于次年设立总理海军事务衙门。当时，中国拥有福建、南洋、广东、北洋四支舰队，其中北洋水师作为建设重点，发展迅速。1885 年 11 月，在德国订购的铁甲舰"定远""镇远"号（排水量均为 7335 吨）及巡洋舰"济远"号（2300 吨）建成归国，北洋水师实力大增。

在中国发展海军的同时，走上军国主义道路的日本力图"开拓万里波涛，宣布国威于四方"，继 1874 年侵台后，更于 1879 年吞并了琉球。1883 年，日本开始执行造舰计划，提出要大力发展海军，至少造舰 48 艘。1886 年，日本动工修建吴（在广岛）和佐世保（在长崎）两个军港，并计划制造 8 艘铁甲舰。恰在此时，一个意外事件的发生，更让日本扩充海军军备得到新的推力，这就是在当时造成很大影响的"长崎事件"。

19 世纪 80 年代中叶，朝鲜半岛纷争骤起。1884 年底，日本操纵朝鲜开化党人发动"甲申政变"，组成新政府，驻朝清军应朝鲜大臣之请出兵解救国王，平息了政变。1885 年 4 月，英国以“防俄”为借口占领朝鲜巨文岛，俄国则企图占领永兴港与之抗衡。面对风云变幻的东亚局势，清政府不得不做出反应。1886 年 5 月，清廷举行首次海军大检阅，北洋军舰 13 艘及鱼雷艇 5 艘受阅，同时受阅的还有 3 艘南洋军舰。两个多月后，北洋水师统领丁汝昌奉北洋大臣李鸿章之命，率铁甲舰“定远”“镇远”号，巡洋舰“济远”“超勇”“扬威”号及练习舰“威远”号由胶州湾起锚，在烟台装煤后，转赴朝鲜海面巡弋。旋又奉命赴海参崴游历，顺便接回参加中俄勘界的中方代表。因铁甲舰需要入坞修理，丁汝昌遂率“定远”“镇远”“济远”“威远”四舰驶往日本长崎。当时，旅顺军港船厂、船坞尚未竣工，军舰定期检修只能去香港和日本。李鸿章把这次检修地点选在日本，也有炫耀实力的意思。

“定远”“镇远”两艘铁甲舰第一次在长崎亮相，引起日本朝野巨大震动，前来参观的日本军政要员络绎不绝。码头上人头攒动，挤满了看热闹的人群，面对 7000 吨的巨舰和 12 吋（cùn，英寸，12 吋约合 305 毫米）口径的大炮，观众咋舌不已。高扬的龙旗、威风凛凛的舰身让长崎市民既惊叹、羡慕，又嫉妒、愤懑。这种复杂的心态，在长期宣扬的军国主义思想催化下，终于酿成了血腥的惨剧。

1886 年 8 月 13 日，中国官兵上岸购物，因琐事与日本警察发生斗殴，造成一日警重伤，一水兵轻伤。关于斗殴原因，各方报道不一。中方《申报》发自长崎的消息说，北洋水兵上岸购物，“在岸上遇见一名日本警察，毫无理由的命令他们停止。中国水兵以为被污蔑，因之斗殴遂起”。日本英文报纸《长崎快报》则说，“有一群带有醉意的水兵前往长崎一家妓馆寻乐，因而发生纠纷”。妓馆老板报警，中国水兵不服，前往派出所论理，引起冲突，"肇事水兵被拘捕"。英国记者的报道也并不一致：有的说是水兵买西瓜，因语言不通致起纠纷；有的说是水兵与妓馆的人在街上争吵，警察干涉而起冲突。虽然说法不一，但有一点是可以肯定的，即这起冲突纯系偶发，情节简单，性质属一般性纠纷，双方如有诚意，处理其实并不复杂。

但不料两天后冲突再起。15 日晚，200 余名北洋官兵获准放假登岸，在广马场外租界及华侨居住区附近突遭日本警察及市民袭击，混战 3 小时，双方死伤竟达 80 人之多。据丁汝昌报告，北洋水师官兵死 5 人，重伤 6 人，轻伤 38 人，失踪 5 人，总计伤亡 54 人（据英国外交部档案，中国官兵死 8 人，伤 50 人，共死伤 58 人）；而日本方面仅死亡警察 1 人，另有 29 人受伤，中方伤亡数字比日方高出近一倍。

出现这样的结果并不奇怪。对于第二次冲突，日方显然是有预谋并做了充分准备的。冲突开始时，日方有千数百人将各街巷两头堵塞，见到中国水兵就砍，而且沿街楼上向下泼洒开水，抛掷石块。中国水兵登岸时因奉命不许携带武器，故皆徒手。另有材料披露，13 日事件发生后，日方即派有渔船在中国军舰附近监视，并增添警力，从其他警局新调 81 人，使警员人数增至 310 人。此外，日本警方还动员市民参加械斗，并在 15 日当天命商店提早打烊，关闭夜市。如此严密布置，实属蓄意寻衅！

长崎事件发生后，中国驻日公使徐承祖接到驻长崎领事报告，即照会日本外务省表示抗议，指出此次事件的发生，显系日方"预存杀害之心"。18 日，日本外务次官青木周藏正式答复，除同意联合查办外，矢口否认日警"故意寻衅"，并无理声言：此次事件应由中国方面负责。随后，北洋四艘军舰分别于 8 月 23 日和 9 月 3 日返国，而事后交涉却呈"马拉松"态势。

一方面，徐承祖与青木周藏在东京举行高层会谈；另一方面，日本县知事与中国领事蔡轩在长崎同时开始会谈，并成立联合调查委员会。该委员会从9月至12月在长崎开会35次，各说各理，毫无进展。东京的高层会晤在这两个半月间也有七次之多。中方主持交涉的李鸿章深信此案错在日本，"曲直显然"，表示我方"断无不坚持到底之理"。

此番交涉不仅关系中日两国，也牵动着有关大国的神经。俄、法希望冲突加剧，以便从中渔利；英、德则希望和平解决，使其在东方的商业利益不至受损。半年之后，中日两国终于1887年2月4日达成最后协议，将此事件定性为"因言语不通，彼此误会"，规定对死伤人员"各给抚恤"，日方支付中方恤金总计52500元，中方则付日本15500元，北洋官兵在长崎的医疗费2700元由日方支付。至于是否拿凶惩办，则由各自政府决定，互不干涉。

事情发生虽起于"细故"，但却有着深刻的社会根源。长崎事件，对北洋水师来讲固然有一个严肃军纪的问题，但从日本方面来说，却正是它多年推行以中国为"假想敌"的侵华政策的产物。长崎警方的蓄谋和当地市民的积极参与，恰恰是这种反华情绪的表露和宣泄。此种反华情绪的始作俑者，正是积极推行对外扩张的日本军国主义势力。

当时，与日本政府推行的对外扩张政策相呼应，日本舆论界被一股"脱亚入欧"论所左右。明治时期著名的启蒙思想家福泽谕吉，在1885年3月就明确提出"脱亚入欧"的扩张理论。他说："我国对支那、朝鲜之法，无须因其为邻国而有所顾忌，只能按照西洋人对彼等之方式方法加以处理。"（《清光绪朝中日交涉史料》卷三，第33页）这种弱肉强食、以邻为壑的论调主导了日本当时的社会舆论，并为其政府推行扩张政策提供了理论依据。

长崎事件发生后，日本政界、军方和舆论界无不认为这是宣扬扩军备战的天赐良机。他们抓住这一事件大做文章，不断渲染中国铁甲舰的威胁，进而鼓吹加强海军、增加军费、修筑炮台。此种宣传应该说是颇具效果的。此后，不仅"一定要打败'定远'、'镇远'"成了日本海军军人的口头禅，甚至连日本小学生都在玩捕捉"定远""镇远"的游戏。1886年，日本政府决定发行1700万元海军公债，并决定加速所谓"三景舰"（指"严岛""松岛""桥立"三艘以日本著名景观命名的海防舰）的制造。这三艘军舰各配有320毫米口径巨炮一门，专为对付"定远""镇远"305毫米口径的主炮。1887年，日本参谋本部第二局局长小川又次制定的《征讨清国策》出笼，要求在1892年完成对华作战准备。1888年、1890年，日本海军大臣提出第七、第八两次海军扩张案，拟购买、制造新式巡洋舰3艘、通讯舰1艘，其中购自英国的"吉野"号排水量为4225吨，配火炮34门，时速23节，是当时世界上最快的巡洋舰。此后，日本海军的整体实力迅速赶上了中国海军。

120多年前的"长崎事件"，不但对当时的清廷具有警示作用，也为我们今天加强国防建设、保卫海疆提供了借鉴。

## 作者简介

杨东梁，1942年生，湖南岳阳人。中国人民大学清史研究所教授，博士生导师。主要从事中国近代史研究，著有专著多部，发表学术论文、文章百余篇。

# "撤旗事件" 与北洋舰队指挥权之争

## 唐　博

1890 年（光绪十六年）3 月 6 日清晨，香港维多利亚湾发生了一起北洋海军右翼总兵刘步蟾与洋员琅威理的争执，史称"撤旗事件"。

当日，援例赴南洋过冬的北洋海军在香港避冻检修。提督丁汝昌率"镇远"等四艘兵舰离开香港，前往海南岛巡逻。旗舰"定远"忽然降下五色提督旗，升起三色总兵旗。按《北洋海军章程》规定，舰队只设提督一名、总兵两名。提督之下，总兵官衔最高。因此，右翼总兵、"定远"舰管带刘步蟾以此举宣示代行指挥舰队，本无疑义。"丁提督开职，我仍在舰队，为什么升起总兵旗？"一个洋人厉声责问刘步蟾。"按海军惯例理当如此！"刘步蟾针锋相对。洋人拂袖而去，随即致电李鸿章，对自己的地位提出质疑（李锡亭《清末海军见闻录》，参见戚其章《北洋舰队》，山东人民出版社，1981 年，第 230 页）。此人便是北洋海军的高级顾问、英国人琅威理。

## 一、洋 "副提督" 的来历

1879 年，李鸿章委托驻英公使曾纪泽为北洋舰队寻觅合适的外籍顾问。曾纪泽推荐了琅威理。琅威理毕业于英国皇家海军学校，又在英国海军服役多年，经验丰富。他曾护送清政府订购的舰艇来华，深得洋务派官员郭嵩焘、丁日昌等人青睐；海关总税务司赫德及其亲信金登干，都认为他"诚实和平，堪以留用"。当年11月，李鸿章决定聘请这位英国海军上校为水师提督丁汝昌的高级助手。

1882年及1886年，琅威理两度受聘为北洋海军总查，赏提督衔，职责是管理北洋海军的组织、操练、演习和教育。但提督衔只是荣誉称号，并非实职，而琅威理索要的则是海军的最高职衔。

琅威理来华后，治军严明，办事勤勉。官兵们忌惮他的严厉，舰队中流传着"不怕丁军门，就怕琅军门"的说法。一次深夜，他突然鸣警演习，各舰管带无不披衣而起，各司其职，从容不迫。几年下来，按照英国海军条令操练的北洋舰队，阵容严整，令行禁止。

1886年5月，醇亲王奕𫍯（xuān）巡阅北洋，对琅威理治军颇为满意，特授其二等第三宝星，并赏给提督衔。此后，李鸿章在电文中常用"提督衔琅威理"或"丁琅两提督"的称呼。欧美各国外交官却据此认为，北洋舰队有中英两个提督。琅威理更是深信不疑。1887年，琅威理率队前往英德两国接收新购战舰，就升提督旗指挥，直至抵达厦门与丁汝昌会合。因此，这次刘步蟾的撤旗之举便引发其愤怒。

然而，撤旗事件绝不仅仅是由于琅威理没搞懂"提督衔"与"提督"的本质差别，海军指挥权之争，才是更深层的原因。

## 二、琅威理去留背后的海军指挥权之争

在华工作多年的英国外交官，都深知北洋舰队总查一职对于控制中国海军指挥权，并借以维护英国在华利益，遏制别国在华扩张的特殊意义。1880年，英国驻华公使威妥玛强调，改组中国军队的大权必须只掌握在某个国家手里，倘若这个国家不是英国，那么就将"极其有损于我们的利益"。到中法战争后，清政府加快水师建设，英国政府也意识到，将琅威理作为棋子，有利于对中国海军甚至中国政府施加更大影响。

而当时的中国官员们则无法适应曾经是天朝上国，如今"师夷长技"的反差。在学习西方的过程中，清廷在发挥外籍雇员长处与避免国家主权丧失之间极力寻求平衡，处理其中复杂而微妙的关系。控制与反控制的斗争一直未曾停息。

撤旗事件的次日，李鸿章立即电告"镇远"管带林泰曾："琅威理昨电请示应升何旗，《章程》内未载，似可酌制四色长方旗，与海军提督有别。"尽管李鸿章希望息事宁人，但他明确坚持一个原则：丁汝昌是北洋舰队的唯一提督（《香港交水师总兵林泰曾等》（光绪十六年二月七日），参见顾廷龙等主编《李鸿章全集》）。6月25日，李鸿章会晤琅威理，明确肯定刘步蟾撤旗之举。琅威理愤慨之余，当场提出辞职，李鸿章随即照准。

在8月20日的一次会谈中，李鸿章明确指出"中国海军称琅为提督，乃客气用语"（窦宗一《李鸿章年（日）谱》，台北文海出版社影印，1980年，第226页）。两天后，他电告驻英公使薛福成："琅威理要请放实缺提督未允，即自辞退。向不能受此要挟。"（《复伦敦薛使》（光绪十六年七月八日），参见顾廷龙等主编《李鸿章全集》）这是在涉及国家主权问题上，李鸿章罕

有的一次强硬与断然。同时也说明，以琅威理为代表的外籍雇员，与清廷之间只有雇佣关系，并不能起到控制的作用。

聘用外籍军官，对于清廷是件难事，除了要克服来自官方的障碍，还要努力说服外籍军官本人。李鸿章坦言，一些外籍军官不愿应聘，其理由是"仅令教练而不假以节制擢陟（zhuó zhì，提拔）之权，弁兵必不听令，断难进益……兵官以下，毫不虚心求教"。琅威理脾气暴躁、态度傲慢、盛气凌人，连赫德都觉得他"缺少一个组织者需要具备的宽宏大量"。这令许多中国军官也心生厌烦。

琅威理则认为，北洋舰队中闽籍管带众多，以刘步蟾、林泰曾为代表，形成帮派，桀骜不驯。他曾上书李鸿章，提出"兵船管带，不应专用闽人"。这一建议引起极大反应。刘步蟾、林泰曾等留学英国多年，深通外交规则，只把琅威理当作客卿，并非上级领导，并不"买账"。有人认为刘步蟾撤旗是故意示威，也非空穴来风。

琅威理辞职对中国海军造成了一定的负面影响。

## 三、琅威理离去的影响

回到英国的琅威理，四处宣扬其在华受辱的经历。事态发展已经扩大并恶化。

1890 年，《北华捷报》在关于琅威理辞职的三篇社论中称，外国军官除非不顾职责，愿同中国军官同流合污，否则就会受到猜忌、阴谋与排挤，现在琅威理已去，中国海军"混乱的狂欢"即将开始。

赫德曾说："琅威理走后，中国人自己把海军搞得一团糟。琅威理在中国的时候，中国人也没有能好好利用他。"缺少了琅威理的严厉督导，北洋舰队的训练日益松弛，军纪每况愈下。演习流于形式，只打定靶，不打动靶；舰艇老旧，火炮落伍，机器生锈，无人问津；炮管满是油污，甚至用来晾晒水兵的衣服；军官们破坏禁令，偕眷上岸居住，夜宿舰上的不满半数；丁汝昌带头违纪，在岸上建房出租，赚取租金，自蓄家伶，夜夜笙歌；军舰被用来跑运输，搞走私，日常维护经费也被克扣贪污；每当北洋封冻，舰队例行南巡之际，上海、香港的赌场、妓院里，北洋官兵逍遥买醉的影子随处可见。对此，李鸿章却不以为意，觉得"武人好色，乃其天性，但能贪慕功名，自然就我绳尺"，全然忽视了官兵爱国信念和军队纪律的塑造。

反观日本明治维新后，海军也聘请了不少英国人当顾问。其中，皇家海军上校英格斯作用最为关键。日本政府封他为贵族，位高权重。不少日本人赴英留学，将英国海军的技术和经验带回本国。到日本海军日趋成熟之际，日本政府才请英国顾问体面地告退。英格斯的治军方略得到全盘继承，并日趋完善。这成为中日甲午海战时双方军事力量差距甚大的原因之一。

琅威理辞职事件发生后，英国政府做出强烈反应：英外交部考虑撤回全部在华的英籍顾问。到 1890 年 11 月 4 日，英国政府拒绝了李鸿章另聘英国人担任海军顾问的请求，并宣布不再接纳中国海军留学生。

# 辛丑议和中的"惩凶"问题

## 王　林

1901 年 9 月 7 日，清政府与英、美、德、法、俄、日等 11 国签订《辛丑条约》。条约规定要"惩办伤害诸国国家及人民之首祸诸臣"，并开列了"祸首"名单及惩治办法。

## 一、"惩凶"问题的由来及清廷的回应

1900 年 6 月，义和团运动达到高潮，西方列强以保护使馆为名，派兵入侵中国。8 月 14 日，北京陷落，慈禧太后西逃。

在京城被占、皇帝外逃的背景下，中外谈判的主动权完全掌握在列强手中。1900 年 9 月 18 日，德国政府向各国发出照会，表示："将那些可以确定曾经在北京发生的违反国际法罪行中充当最初的和真正的唆使人交出，应该作为同中国政府进入外交谈判的先决条件。"同时要求各国训令他们的公使"提出那些毫无疑问地犯有唆使或参预犯罪的主要中国人犯的名单"。对德国的照会，各国一致表示同意。

在列强商议"惩凶"的同时，西逃途中的慈禧太后为推卸责任，于 9 月 7 日发布剿杀义和团的谕旨。一些原来就主张镇压义和团的封疆大吏为了维护清朝岌岌可危的统治，也要求清廷响应

列强"惩凶"的提议。9月15日，奉命主持议和的李鸿章便与两江总督刘坤一、湖广总督张之洞、山东巡抚袁世凯联名上奏，以各国公使要求为由，请清廷主动"惩凶"，并开列名单及惩治办法。

在列强和朝中重臣的压力下，清廷于9月25日发布第一道"惩凶"谕旨，所惩9人中，庄亲王载勋，怡亲王溥静，贝勒载濂、载滢，革去爵职；端郡王载漪撤去一切差使，交宗人府严加议处；辅国公载澜、都察院左都御史英年，交该衙门议处；协办大学士、吏部尚书刚毅，刑部尚书赵舒翘，交都察院、吏部议处。但列强对清廷的处理很不满意，他们要求将以上9人处以死刑，并增加董福祥和毓贤二人。

面对列强的压力，清廷于11月13日，又发布第二道"惩凶"上谕，惩处有所加重，但仍未杀一人，对亲王最重的惩罚是发往盛京永远圈禁，并将已经革职的山西巡抚毓贤发往边疆充当苦役，永不释回。

## 二、列强的威逼与清廷痛下杀手

清廷之所以在"惩凶"谕旨中未杀一人，其主要原因是当时各国列强在如何惩办"祸首"问题上仍存在分歧，还未向清廷施加绝对压力，而清廷还幻想保存一点朝廷的脸面，给皇亲国戚和大臣们留条活路。

12月4日，美国公使康格就"惩办祸首"问题的提案经各国公使讨论后通过，其内容是：将死刑作为最严酷的刑罚，对现在已经指出应处死刑的人，今后很可能坚持要执行死刑。这一提案很快就在条约草案中得到体现。12月24日，11国将《协议大纲》草案正式交给中国全权代表庆亲王奕劻，其中第二款第一条的内容是：对于 9 月 25 日上谕中所指的人犯及各国公使以后指名的人犯，按他们的罪行治以最严厉的惩罚。

1901 年 2 月 5 日，奕劻、李鸿章代表清政府与各国议和代表在英国使馆专门讨论"惩办祸首"问题。外国首席公使首先明确表示，对"罪犯"要处以死刑。当中国代表询问按"罪犯"情节轻重应分别采取什么惩罚方式时，英国公使说，对控告书内所包括的那些罪行最轻的人，适当的刑罚也是死刑。这场辩论长达 3 个小时，结果各国公使除同意将载澜"发往边疆，永远监禁"，载漪判为斩监候外，要求将其余列名人犯一概斩决。

在列强的威逼之下，2 月 13 日，清廷发布第三道"惩凶"谕旨：载勋赐令自尽，载漪、载澜发往新疆永远监禁，毓贤正法，董福祥革职，英年、赵舒翘定为斩监候，刚毅、徐桐及李秉衡已死，均革去原职，撤销恤典。同前两道谕旨相比，这次惩罚的力度明显加重，不仅将载勋、毓贤处以死刑，还将董福祥列入惩罚名单，甚至连死去的人也不放过。在同一天发布的另外一道谕旨中，又将礼部尚书启秀与刑部左侍郎徐承煜革职查办。

但是，列强对此仍不满意。英国公使警告中国全权大臣：载漪、载澜改为"发往边疆，永远监禁"，因系懿亲，已属从宽，其余诸臣，朝廷若再庇护，必将决裂。此时，联军统帅瓦德西威胁要率联军内侵。奕劻、李鸿章得此消息，惊恐万状，即刻电告清廷：姑息数人，坐令宗社危亡，殊为不值。会办商务大臣盛宣怀亦建议朝廷将徐承煜、启秀、英年三人赐死，独救赵舒翘一人。两江总督刘坤一遵旨与列强斡旋，商救朝臣，也是无功而返。列强甚至要对已死的刚毅、徐桐、李秉衡开棺戮尸，对被处死者监视行刑。李鸿章深恐联军内侵，建议清廷"曲徇所请"。

此时，清廷再无还手之力，于 1901 年 2 月 21 日发布第四道"惩凶"谕旨：除载勋已赐令自尽、毓贤即行正法外，载漪、载澜均定为斩监候，发往新疆永远监禁。刚毅应定为斩立决，因病故免议。英年、赵舒翘赐令自尽，启秀、徐承煜即行正法，徐桐、李秉衡均定为斩监候，因临难自尽，业经革职，撤销恤典，应免再议。这一道谕旨涉及 11 人，除刚毅、徐桐、李秉衡三人已死，载漪、载澜因系皇亲免于一死外，其余 6 人均被处死。随后，清廷又颁布谕旨，对列强指名的 100 余名地方官员加以惩罚。至此，清廷在列强的威逼下彻底屈服，完全满足了列强的"惩凶"要求。

## 三、"惩凶"的险恶目的及后果

在 1901 年的辛丑议和中，列强从一开始就把惩办"祸首"作为议和的前提条件。从表面上看，列强之所以急于"惩凶"，是为给被杀的外国公使和外国侨民报仇，而其真正的险恶用心却是想通过"惩凶"收杀一儆百之效，让中国所有官民都惊怵于"排外"必死的下场，从根本上消灭中国人民的反抗意志。

英国公使窦纳乐在向英国外相汇报时就明讲："惩罚那些在最近反对外国人的骚乱中扮演主要角色的人，对将来具有十分重要的关系。除非对那些人加以严厉惩罚，目前危机的重演只不过是时间问题而已。"美国政府在答复德国"惩凶"照会时也称"惩办罪首所以严防将来"（《中国近代史资料丛刊·义和团》三，第 228 页）。列强在"惩凶"问题上步步紧逼，最直接的目的是以此来检验清政府的屈服程度，使清政府彻底沦为"洋人的朝廷"，长远目的则是要从心理上摧垮中华民族抵抗外侮的民族意志和精神。但中国人民的抵抗意志并未被摧垮，反而更加看清了帝国主义利用清政府侵略中国，企图把中国变成殖民地的本质，进而把推翻清朝统治作为革命的目标。这是列强在"惩凶"

时始料未及的。

就清政府而言，虽然满足了列强的"惩凶"要求，暂时维持了摇摇欲坠的统治。但是，清政府在"惩凶"问题上的屈辱表现，一方面使中国先进分子充分认识到这个政权已无可救药，要振兴中华就必须推翻清王朝的腐朽统治，建立一个民主共和国。另一方面，那些被列为"祸首"的大臣，本是奉旨抗洋的"忠臣"。如李秉衡奉命北上"勤王"，慈禧太后曾倚为干城，战败而死，清廷谕令恤典。但清廷慑于列强的淫威，先是对其革职，撤销恤典，进而又定为斩监候，只因其人已死，才免于斧钺。英年、赵舒翘、启秀、徐承煜四人，清廷本认为罪不当诛，最终也难免一死。更有甚者，清廷为推卸责任，竟将1900年6月20日至8月14日发布的上谕说成是"矫诏"（假诏书）。以忠孝节义为政治伦理的清王朝，为维护自己的统治，竟不惜将那些忠于自己的朝臣当作"替罪羊"，对那些仍然依附在体制内的官员产生了巨大的心理震动。1911年10月10日，武昌城头一声枪响，各省督抚纷纷宣布独立，再也难找一个为清朝卖命的"忠臣"，统治中国200余年的清王朝瞬间土崩瓦解。

# 努尔哈赤韬晦成大业

## 张玉兴

　　清朝的奠基者，俗称老罕（汗）王的努尔哈赤，本是明朝统治下辽东建州女真一个小酋长之子，他艰苦创业，脱明独立，建后金国，称天命汗，死后追谥清太祖。他开启了清朝大业，并最后奠定清朝未来统一中国大业的基础。时势造就英雄。努尔哈赤的高明之处在于，他能恰到好处地把握、顺应形势，吸取历史教训，在严峻复杂的形势下，切合时势地采取各种有效措施，巧妙地以韬晦策略，战胜攻取，一步步实现其宏伟抱负，成就了一代大业。

　　要求统一的历史潮流。明代的东北特别是辽东边墙（即辽东长城）外，主要为女真等各少数民族居住地。明朝对女真的政策是分而治之，即各卫所的长官均由明朝中央政府任命，实行"官其酋长，给与印信，俾仍旧俗，各统其属"的政策。要求各部首领各统所部，各安所居，"以时朝贡"，希望以此维持对边疆地区的统治。明朝后期，边疆民族各部势力消长，兼并不断，东北地区女真逐渐形成了海西女真、建州女真和"野人"女真三分天下的格局。

　　当时，辽东女真各部既与明朝矛盾加剧，各部之间又互相厮杀，"强凌弱、众暴寡"的兼并战争愈演愈烈。明朝分而治之政策下造成的分散，已使女真人民痛感不便，他们厌倦了长期以来的割据状态，强烈要求统一和进步。

统一事业的前车之鉴。女真各部中意欲完成统一事业的不乏其人，如海西女真首领祝孔革、逞迦奴、仰迦奴，建州女真的王杲（gǎo）、王兀堂等，然而却都以败亡告终。究其原因，当他们奋起时，既面临同明朝的斗争，又面对女真各部的互相较量。要想解决这个矛盾，难度极大，处理不当，便有可能陷入困境。

以建州右卫首领王杲为例。王杲是女真族的一位杰出人物。他势力雄强，拥有一支能征善战的数万人队伍。但他对明朝采取坚决对抗的态度，生打硬拼，恣意屠戮边将，扑杀吏卒，蹂躏边民，成了明朝必欲剪除的对象。对于女真其他部落，王杲也不能和衷共济，关系紧张。万历三年（1575），明朝发重兵讨伐，王杲惨败于山寨，只身逃往海西女真哈达部，满以为可以得到本族人的庇护，却被忠于明朝的哈达部首领王台（万汗）缚送京师，被处死。接着，其子阿台为父报仇，继续向明朝进攻，但他的行动，并未获得本民族的支持。在明军向其老巢发起攻势时，不少女真人甚至参与助战或做向导，使明军一举捣毁其山城古勒寨，终遭灭顶之灾。

避开锋芒，顺势而起。心怀高远的努尔哈赤要造就一番伟业，首先要兼并诸部，形成强大的势力，而这种希图改变分而治之局面的行动，正是明朝绝对不允许的。与努尔哈赤相比，明朝的势力强大得无与伦比，他根本无力与明正面抗衡。这正是努尔哈赤兴起时面临的最大难题。但他没有被吓倒，而是采取巧妙的策略：极力避免与明朝交锋，表面坚定地忠于明朝，绝不暴露其目标。在明朝面前，他时时处处装成忠顺模样，唯命是从。在明政府的心目中，他是忠明的酋长。

明万历十一年（1583），明军进攻阿台所据的古勒山城时，努尔哈赤的祖父觉昌安及父亲塔克世为明军做向导，城破时，反被明兵所杀。时年25岁的努尔哈赤愤然向明诘问，明朝以"实是误杀"答之。努尔哈赤随即因父祖"有殉国忠"，而得到明政府的抚恤：获敕书30道、马30匹，并袭祖父之职为建州左卫都指挥。他接受封赏的同时，却不认同明朝所谓"误杀"的结论，一口咬定此举是帮助明军攻打古勒城的尼堪外兰唆使明军所为。尼堪外兰是建州女真苏克素护河部图伦城主。努尔哈赤宣布与之不共戴天，一定要擒获仇人，报仇雪恨。不论明朝如何解释此事无关尼堪外兰，努尔哈赤一概不听，随即以父祖所遗十三副甲起兵，组织起数十人的队伍，把矛头直指尼堪外兰，走上了复仇之路。尼堪外兰原本与努尔哈赤同属一部，颇有威望，不仅获得建州女真诸多部，包括努尔哈赤家族人的拥护，更获得明朝的大力支持，欲扶植他做"满洲国主"。族人信之，纷纷投奔尼堪外兰，甚至对神立誓要杀掉捣乱的努尔哈赤。然而，尼堪外兰绝非努尔哈赤的对手。努尔哈赤不懈拼搏，三年后，即万历十四年（1586），终于将尼堪外兰斩杀。

韬光养晦，终成大业。努尔哈赤起兵后，以消灭尼堪外兰为标志，走出了女真统一的第一步，这是在拥明旗号下的一次成功的实践。以此为契机，他开始了一场旷日持久的兼并女真诸部的战争。父祖之仇既报之后的次年，即万历十五年（1587），努尔哈赤于佛阿拉（今辽宁新宾旧老城）筑城，起建楼台，建立起政权机构，站稳了脚跟。此后，努尔哈赤并未停止征战的步伐，至万历十七年（1589），他恩威并施，统一了建州本部。努尔哈赤注重内部团结，使各部族竞相效力。对此，明朝几乎毫无察觉。

努尔哈赤一边不断地兼并建州诸部，又一再向明朝奉献殷勤，"多刷还（清理放还之意）人口于抚顺所"，即将部下闯入边墙所掳掠的汉人（女真常掳掠汉人为奴），亲自到抚顺明朝守军处退还。对此，明辽东总兵李成梁特上奏朝廷，表彰其忠顺。努尔哈赤的行动极大地迷惑了明辽东官员的耳目。在相当长的一段时间内，明朝官员认为努尔哈赤势单力薄，"奄奄垂毙"，又认为努尔哈赤是女真中"今日之王台"。努尔哈赤甚至斩杀进犯明边的女真小头目克五十，献其首级。明政府遂认为他"内向诚矣"。万历二十年（1592），日本侵略朝鲜，明发兵援助，努尔哈赤请求出兵往援，虽未获允，但表达了忠于国家的心迹。所以朝廷不断提升其官爵，由都指挥、都督佥事，直至龙虎将军，赐予他周边少数民族首领所能得到的最高封号。

在明政府毫无察觉之中，努尔哈赤不断发展壮大自身力量。同时，一旦行动有所暴露，被朝廷揭发指责，他立即听命，绝不违抗。如万历二十九年（1601），他听从明朝指令，将囚禁的哈达部首领吴尔古代送归其部。四十一年（1613），遵命退出已进入垦种多年的柴河、三岔等原哈达部之地，并亲赴抚顺向明朝守将李永芳道歉，还上交了再也不进入的"甘结"，即保证书，表示坚决做不侵不叛之顺臣。他坚持朝贡互市，从万历十八年至三十九年（1590—1611），曾八次亲赴京城朝贡。

努尔哈赤就这样长期在拥明旗号下，韬光养晦，奋发有为，至后金建国前，除叶赫部外，海西女真大部及远至黑龙江的部分民族已尽被其纳入囊中。等到明朝发现其真实图谋时，已成尾大不掉之势。

万历四十四年（1616），努尔哈赤羽翼已成，雄视辽东，踌躇满志，遂称汗，建立后金国。三年后，他公开反明，以"七大恨"向明朝发难。此后更以破竹之势，击败明军，灭掉叶赫，挺进辽沈，不仅完成女真统一的大业，且开创了进军中原的局面，奠定了最终推翻已经腐败的明朝统治之基础。

# 作者简介

张玉兴，1939 年生，辽宁铁岭人。辽宁社会科学院历史研究所研究员，致力于清史研究。编著《清代东北流人诗选注》，合著《清代东北史》，专著《南明诸帝》《清通鉴·顺治朝卷》，主编《爱新觉罗家族全书·文集述要》及合作主编《中国北方各族人物传》中之《明代卷》与《清代卷》，发表学术论文 80 余篇。

# 努尔哈赤晚年陷入困境

## 张玉兴

后金天命六年（1621），努尔哈赤指挥八旗劲旅，以雄强的武力一举夺得辽阳、沈阳，占据辽东，随即迁都辽阳。次年正月下广宁（今辽宁北镇），事业达到极盛。但自此以后，努尔哈赤未能顺应形势，采取安抚人心、稳定社会的有效对策，而是在辽东对汉族采取高压和屠杀政策，不仅人心尽失，而且在军事上也屡屡受挫。

当时，后金国中，八旗将士及其家属不断遭到袭击，所居之地，不断有人投毒，并殃及战马与禽畜；辽沈地区的广大汉人，不安所居，纷纷逃离故土，或不惜冒着生命危险逃向明朝、朝鲜，或出家为僧为道，或自残以躲避后金分摊的劳役；更有人组织汉人暴动，武力反抗；明朝间谍大量出现，活动频繁。辽南大地，险象环生，防不胜防，局势动荡不安。四年后，努尔哈赤只好匆忙迁都沈阳。第二年，即天命十一年（1626）正月，他带兵攻打宁远（今辽宁兴城），大败而归，八个月后去世。

努尔哈赤晚年遭受的这些重大挫折，完全是由他的倒行逆施一手造成的。

一意孤行，大搞倒退。努尔哈赤血战而得沈阳、辽阳、广宁之后，实行错误的民族政策，大肆凌虐汉人，造成后金国内一片恐怖。

迁移汉民。努尔哈赤认为，住在原地的汉人不可靠。从天命六年开始，他一再下令强迫汉人迁移。六年八月，令金州、复州海边居民一律迁到距海 60 里处；十一月，下令将镇江（今辽宁丹东地区）、宽甸、叆（ài）河一带所有房屋全部放火烧掉，居民一律迁到萨尔浒（今辽宁抚顺东）。七年正月，下令将锦州、义州、广宁等九卫之民十余万众迁到辽河以东。凡不愿迁移的，则被称为"光棍"，一律杀掉。此举造成了极大的社会恐慌，引起广大汉人的无比愤慨，加剧了后金社会的矛盾。

同食同住。天命六年十一月，努尔哈赤以女真人"由故地迁来，无住舍、粮食、耕田"为借口，颁发命令，要汉人与其"合居、同食、同住、同耕"。并要求双方均不得"浪费或买卖粮食，若发现其有买卖者，则必治罪"；不得单开粮窖，必须女真、汉人"合开"。这实际上是女真人远道而来强居汉人之屋、强食汉人之粮、强耕汉人之田，强迫汉人接纳女真为一家之主，使汉人沦为供养女真的奴隶。对汉人来说，这是一场大灾难。

"掠富户"与"杀穷鬼"。从天命九年（1624）正月起，努尔哈赤接连发布指令，认定"有谷之人"和"无谷之人"的身份界限，并处以不同的政策。大致内容是：凡与女真合居同食的汉人，必须是"有谷之人"，即其粮食与财产必须达到一定的数量，方有资格与女真人同住。其实质是"掠富户"。达不到标准者，则属"无谷之人"，是危害社会的"闲行乞食之光棍"、是后金国的"仇敌"。他派人前往各地，"诛杀无粮之汉人"，被称为"杀穷鬼"。

大肆屠戮。天命十年（1625）十月初四，努尔哈赤发布上谕称：我等常豢（huàn，喂养）养汉人，而汉人却置办棍棒不止。因此命人分别前往各屯，对汉人详加"甄别"，凡可疑者、"独身者"、所有明朝读书人等，"尽行处死"。此次屠杀，"使贤良之书生亦被杀绝"。这是在后金全国范围内惨绝人寰的大屠杀。

甄别编庄。同年十月，努尔哈赤称大屠杀之后的幸存者为"当养者"，编庄以养之。命以男丁13人，牛7头，编为一庄。一庄给田百垧，其中二十垧为公赋田，八十垧为庄丁食用田。每庄皆是汗、贝勒与八旗官员之私产。总兵官以下，备御以上，皆有赏获。此令一出，后金国内所有汉人，皆失去了人身自由，被编入庄内，隶属于八旗，成为农奴。就这样，努尔哈赤以强制手段，把封建社会里的自由人变成了农奴制中的奴隶。

痛遭反抗，终遇强敌。努尔哈赤的倒行逆施，引发了社会的极大恐慌和猛烈反抗，也触动了后金国里一些汉官之心。他们愤然倒戈，加入反抗队伍。其中最为突出的是刘兴祚与李延庚。

刘兴祚，本是开原人，后金人称其为刘爱塔，"爱塔"即爱他之意。17世纪初，刘氏被掠入建州，因其才干出众，深受努尔哈赤赏识，被收于军中，累官至副将，受命管辖金州、复州、海州、盖州等辽南四卫之地，成为后金国中地位显赫的汉官。李延庚，乃后金接纳的明朝降将、额驸李永芳之长子，时任游击职务，协助刘兴祚治理辽南。他们目睹汉人在后金残酷的民族压迫和奴役下的悲惨遭遇，决定弃金归明。天命八年（1623）初，他们积极组织复州民众逃亡。努尔哈赤得密报后，极为震惊，下令将二人及其家属逮捕，并遣将率兵前往镇压逃亡的民众，数万复州平民死在血泊中。审理时因查无实据，刘、李二人被释放，但却丢了官职，努尔哈赤对他们疑虑难除，遂弃之不用。总兵官李永芳也因谏阻努尔哈赤发兵而见疑。

最令努尔哈赤感到棘手的是，他挺进辽沈之后，遇到了强敌，这就是明朝大学士孙承宗。孙承宗于天启二年（后金天命七年，1622）八月，自请赴辽东督师。四年间，带领袁崇焕等人，修整战备，加强防御，构筑宁（远）锦（州）防线，有效地遏制了后金的兵锋，使努尔哈赤无隙可乘。这段时间，也是后金最无作为的时期。在孙承宗去职后，努尔哈赤乘机发兵攻打宁远，本以为可一战告捷，却遭遇大败。

深陷困境，愤懑而逝。在起事之初，努尔哈赤兼收并蓄，广收人才，不论民族成分，将各族有识之士吸引过来。他身边最早的谋士即是汉人龚正陆（又作龚正六）。可是，随着军事上的节节胜利，特别是进入辽沈之后，他对汉人的态度发生了变化。对汉人的反抗，努尔哈赤没有认识到这是由于自己错误的高压政策所造成，反而认为汉民并非顺民，多是奸民，甚至是贼寇。刘兴祚、李延庚事件发生之后，他更偏执地认为，汉人皆不可靠。于是，仇汉、虐汉，乃至屠戮汉人之政策愈发变本加厉。

努尔哈赤的仇汉、虐汉之举，对后金来说无异于自毁基业，但后金朝廷里却无人敢谏阻。这是努尔哈赤权威膨胀、听不进不同意见的结果。他由胜而骄、而偏执、而多疑，不信任的人越来越多。他身边的人动辄获咎，在先后两次立废太子代善、诛杀曾最倚重的谋臣额尔德尼与阿敦之后，几乎再也无人敢向他进忠言了。努尔哈赤晚年，陷入了无人进言的困境。天命十一年八月十一日（1626 年 9 月 30 日），努尔哈赤骤逝于沈阳城南瑗鸡堡，终年 68 岁。

努尔哈赤曾顺应形势，勇敢地向明朝发起挑战，不仅满族由此崛起，而且使东北由长期以来的混乱走向统一和安定，并奠定了清朝未来统一全国的基础，这是他杰出的功绩。然而，努尔哈赤获胜后志满气骄、刚愎自用，自陷困境，终于受到历史的惩罚。这是清入关前最高统治者努尔哈赤的悲剧，此一历史教训，足以令后世深长反思。

# 康熙帝与南书房

## 常 建 华

南书房在紫禁城乾清宫南庑（wǔ，堂下周围的走廊、廊屋）的最西端，亦称南斋，是康熙至光绪间清代皇帝文学侍从值班之所。康熙帝通过设置南书房，学诗习书、钻研文史、研修经典并探求治国方略，是一位酷爱学习的皇帝。

## 一、南书房的设置

康熙帝自幼勤奋好学，亲政后更是迫切希望学习掌握儒家学说以及治国经验。康熙十年（1671），他任命一批通熟儒家经典和历史知识的官员担任经筵讲官，又从翰林院选出 10 人充当日讲官员。十二年二月，康熙帝又改隔日进讲为每日进讲，以满足他的求知欲。

在经史文学上不断进取的康熙帝，产生了身边应常有内廷翰林侍值的想法，说："朕不时观书写字，近侍内并无博学善书者，以致讲论不能应对。今欲于翰林内选择博学善书者二员，常侍左右，讲究文义。"内阁大学士、学士随后奏称：皇上勤书写，甚盛事，皆应钦奉上谕遵行。选择翰林，寻取善书之人，相应交与翰林院。康熙帝表示同意。

康熙十六年（1677）十二月十七日，翰林院侍讲学士张英、内阁撰文中书高士奇以南书房侍从身份入侍内廷，清宫档案《南书房记注》从这一天开始记载，标志着南书房作为一个内廷机构正式设立。南书房侍从过着天子侍臣的生活，张英、高士奇二人并赐府第于瀛台之西的西安门内，此前清朝文学儒臣无居住皇城内之例。

凡被召入南书房，时称"入直南书房"，或称"入侍内廷"。其入值者，不论官职崇卑，概称"南书房翰林""南书房供奉""内廷供奉"。南书房翰林一般保持两名左右，康熙帝经常召见的除了张英、高士奇，还有杜讷。康熙十七年（1678）七月二十八日，康熙帝又召翰林院掌院学士陈廷敬、侍读学士叶方蔼、侍读王士祯入侍内廷，并赐御笔大字各一幅，行草唐人五、七言诗各一幅。又谕："朕万几余暇，怡情翰墨。因汝等在内侍从，特以颁赐。"上述六人是南书房设立初期的主要入值人员。

入值南书房的官员均是文学儒臣，以翰詹官员为主。据已知的34名康熙朝入值南书房的官员中，原任翰林院编修、检讨及詹事府官职者有23人。南书房翰林通常在南书房候召，奉旨侍从的地点有懋勤殿、养心殿、乾清宫、瀛台便殿、东便殿等处，有时随驾巡幸。皇帝偶尔也会来南书房，入值者在屋外候旨入内。

## 二、南书房的活动

南书房设立当天，康熙帝召见张英、高士奇至懋勤殿，开宗明义地对二人说："朕于《书经》（即《尚书》）、《四书》讲读已久，常于宫中复诵，大义皆能晓畅。但圣贤义理无穷，今更欲细加讨论。"他亲自讲解一段《大学》后，又召张英，指出《资治通鉴》他已经看过，但该书没有记载上古史事，于是一起阅读并讨论《通鉴前编》中自《伏羲帝纪》至《黄帝纪》共33条。复召高士奇讨论唐诗，康熙帝对高说："杜诗对仗精严，李诗风致流丽，诚为唐诗绝调。"

次日，康熙帝召张英至懋勤殿，复诵了他昨日所讲的《大学》六章，又继续讲解"修身"一章。又召高士奇，皇帝正临摹草书，士奇在旁观看，奏称："皇上运笔圆劲纵横，深得古人之意。"康熙帝说："朕朝夕临摹，常恐未合古法耳。"复召张英与阅《通鉴前编·黄帝纪》三条。时懋勤殿有古干梅花，发红、白二种，张英、高士奇各赋七言律诗一章进呈。

这两天的谈经论史、研习诗词，实际上就是南书房基本活动的一个缩影。讨论经史的方法是先由皇帝亲自讲说儒学著作，次日皇帝复诵前一天内容，开讲新的部分，并阅读史书。配合讲经读史，有诗词欣赏与创作以及书法练习。

《南书房记注》记载了康熙君臣南书房读书活动的内容。康熙帝先是学习《大学》《中庸》，《中庸》诵毕，讲诵《书经》。此后开始讲诵《易经》，同时温诵《书经》。后来又阅读古文。史书方面，先阅读《通鉴纲目》《通鉴前编》，又改读《明实录》。

作诗及品评诗赋，亦是康熙帝的一大爱好，他个人作品甚多，诗赋唱和是南书房翰林们的经常课题，因擅长诗赋而应选者也颇不乏人。或是皇帝几暇之作，要词臣们颂扬唱和，或因有事，或因节日，皇帝要他们作诗应制以言盛记胜，或皇帝披阅古人诗赋，与他们讲论心得。

康熙君臣研习书法也较频繁。康熙帝临摹名家手卷，多至万余；手写寺庙匾榜，多至千余。他退朝之后，常召南书房翰林或精于书画的朝臣陪侍，以便研讨观摩。由于康熙帝喜好书法，以善书而进入南书房者除高士奇外，还有沈荃、沈宗敬父子。沈荃久值南书房，康熙帝多次召入内殿，讨论古今书法，凡御制碑版及殿廷屏障，常让其书写。

## 三、通过南书房探求治道

康熙帝与南书房翰林讲解经史，除了加深学术修养外，重要的目的在于探讨治道。

康熙帝研学儒家经典，重在探讨帝王之术。他在背诵完《大学》"平天下"之后说：《大学》一书，言明德新民，诚修己治人之要道。张英回答，内圣外王不出于此书。当《书经》讲毕，张英对康熙帝说："皇上万几之暇，讲贯是书，治统、道统之要兼备无遗矣。"这说出了问题的实质，皇帝掌握了儒家经典特别是治国理论，代表了道统，从而也就具备治统，具有了文化与政治的合法性。

康熙帝通过阅读史书总结治国经验。他评价《资治通鉴》，称：千古治乱不能出其范围。他评论汉朝对待功臣的政策，说："汉高帝之待韩信，不能如汉光武、宋太祖之待功臣者，亦时势不同也。"他讲解《资治通鉴》中汉代七国之乱的记载，认为当时晁错的看法审时度势，"七论本确，后世不得而议之也"。康熙帝对三藩问题的处理，与汉朝采取的削藩措施较为类似，可以说，他从历史中吸取了经验和教训。

特别值得注意的是，康熙帝读《明实录》后，对明代政治多有议论，以总结历史经验，于是，君臣的讨论成就了此后的治国方略。他曾说："朕观明仁宗、宣宗时，用法皆极宽平。每思人君承天子民，时育万物，自当以宽厚为根本，始可成敦俗之治，但不可过于纵弛，所贵乎宽而有制耳。"张英对答："圣论深当治体。明仁宗、宣宗处太祖、成祖之后，当日洪武、永乐间法度往往伤于严切，故仁宗、宣宗以宽济之。从来宽严相济，乃致治之要道也。"康熙帝为使清朝统治长治久安，以明朝历史为借鉴，避免重蹈覆辙，强调"宽而有制"，张英则总结应"宽严相济"。康熙帝治国的确尚宽，后来雍正尚严，乾隆则宽严相济，宝贵的历史经验得到传承。

康熙帝作为满洲贵族的政治代表，接受汉族文化，赏识儒家学说。他通过设立南书房学习文史，探求治国方略，为建立稳定的清朝统治进行文化上、政治上的准备，从而为形成其治国理念奠定了基础。

# 陈廷敬"因时制宜""勿循旧例"的为政思想

## 王思治

陈廷敬，是康熙朝的重臣，山西泽州（今晋城）人。顺治十四年（1657）中举，翌年应会试，为进士。历任内阁学士、经筵讲官、翰林院掌院学士、左都御史，吏、户、礼、工各部侍郎、尚书，累官至文渊阁大学士。一生未外任，一直在中央各部院为官，前后半个多世纪，几乎与康熙朝相始终。

陈廷敬多年职掌各部院。六部是分管国家政务的职能机关，大学士则是"赞礼机务，表率百僚"的最高官员，官居一品，位列文班之首，"勋高位极，乃以相授"。雍正帝设置军机处后，"任军机者，自亲王以外，其领袖必大学士，唐、元三公不及也"，故清人称之为"宰辅"。

作为中央部院执政大员，陈廷敬的为政思想，最主要的是：政府行政应"因时制宜"与"勿循旧例为便"。

李元度《国朝先正事略》说："公（陈廷敬）所陈，切中时弊，棘棘不苟同。"所谓"棘棘不苟同"，就是说陈廷敬上疏陈说时政，不从流俗，不人云亦云，而是敢于直陈己见，无所瞻顾，其言虽然棘刺，却往往切中时弊。陈廷敬认为，言官条奏"贵乎简明"，重在"论事"。然而，进言者"颂圣"之词连篇累牍已成故套，冗词多而论事之言反少。他说，皇帝"圣学圣治，丰功懿德"，自有史官书之，儒臣记之，何待言官建白之时缀述？不然，通篇充斥于事无补之言，虽是"颂圣"却有烦皇帝阅览。故"祈敕科道官，不得踵习前弊，多引烦词。如有不遵，量加处分"。如此，可以息侥幸邀宠之风，而长梗直謇谔（jiǎn è，正直敢言）之气。

陈廷敬的为政主张，在当时是需要一定政治勇气的。清帝为政，奉"敬天法祖"为圭臬。所谓"法祖"者，就是说祖宗所定之规已成定式，需遵循效法，不可违，为政之道重在率由旧章、循例办事。但是，如若一味固守旧章成例，面对已然变化的现实，自然扞（hàn）格（扞格，指互相抵触）难通，或弊端丛生，或误时误事。正如陈廷敬所说："苟不因时变通，其弊将无所底止矣。"因此，他认为，"法久弊滋，所贵因时制宜，务使便民裕国"。明确指出，由于时事变迁，治理亦因之而变，这是必须遵循的行政办事原则，也就是"所贵"之所在。而"因时制宜"的根本目的，则是"便民裕国"。他还进一步申明："国家之法，本以便民，苟有利于民，即于国无利，犹当行之。"孟子有"民贵君轻"之说，陈廷敬"利民"而重于"利国"的思想与政治主张，是儒家"国以民为本"的精粹体现。

康熙二十三年（1684）正月，陈廷敬由礼部右侍郎调吏部左侍郎，兼管户部钱法。其时，不法之徒销毁制钱，当铜出卖，以射厚利，制钱因而日少价贵。流通的制钱不足，民有所不便。陈廷敬奉命清理钱法，上《制钱销毁滋弊疏》，大胆提出"改易钱法"，其所依据的就是"法久弊滋，所贵因时制宜"。他说："自古铸钱时轻时重，治平之世，未有数十年而不改易者。"钱法之所以必须改易，是因为"钱价甚贵"。以往规定"每钱一千值银一两，今则每银一两仅得钱八九百文。盖因奸宄（guǐ，坏人）

不法毁钱作铜，以牟厚利之所致耳！夫销毁制钱，著之律令，其罪至重。然而不能禁止者，厚利之所在故也"。现今铜价每斤值银一钱四五分，计银一两仅买铜七斤七八两。而毁钱一千，得铜八斤十二两，故不法之徒毁钱作铜。毁钱卖铜为厚利所在，故虽重其罪而不能止。也就是说，经济犯罪，仅靠加重其罪的办法是难于根治的。

陈廷敬改易钱法，主张以经济手段解决经济犯罪。一是将制钱改重为轻。现行制钱是每文重一钱四分，"今若改铸重一钱之钱，毁钱为铜既无厚利，则毁钱之弊将不禁自绝。钱不毁而日多，则钱价平而有利于民矣"！二是增加铜的产量。为此，必须减轻开采重税，甚至"停其税收"，以鼓励开采。他说："近来采铜之地，税收过重，至开采寥寥。"皆因地方官借征税而大肆舞弊，以致征税有名，而无开采之实。"此后应一切停罢，听民自便，或有开采，而铜价亦因可以得平"。陈廷敬"因时制宜"改易钱法，以解决销毁制钱卖铜图利的建言，切中时弊，康熙帝令下部议行。

清代行政的又一重要依据，是遵循成例。康熙帝说："国家诸务，恃有成例，苟无成例，何所遵循？"所以清代的"则例""事例"繁多。纷繁复杂的则例，不仅吏胥之辈左右逢源引例以图私利，而且沿例办事，往往于事无补。例如，赈灾本是急务，沿例则必须公文往返，一再请示，结果是拖拉误事。陈廷敬大胆直言，赈济灾民，蠲（juān，免除）免钱粮，"勿循旧例为便"。

康熙二十四年（1685），时任左都御史的陈廷敬，上《请议水旱疏》，认为"救荒如拯溺"，稍迟时日，就会死人。然而则例所限，却延误不及时。他说，康熙二十三年九月，山东省题报济宁、海丰等遭受水灾。户部"题复，令委员踏勘"。两个月后，至十一月，山东以踏勘成灾分数，以及应蠲免钱粮造册报告。户部议复准行，再令分别明晰地亩高下与受灾情况。这又费时数月。至康熙二十四年四月，山东巡抚张鹏"题济宁等三县，并无捏报被灾分数，照例请免本年钱粮"。户部这才复准蠲免。陈廷敬说："一水灾之报也，巡抚初题报其情形，再题报其分数，三题称无捏报。此一水灾之免也，该部（户部）初复令员踏勘，再复令其分晰地亩高下，及具题至三也。"如此反复行文，拖延八个月，蠲免方获准行。救荒蠲免，近京师省份已逾半年，远者将不止一年，远水近火嗷嗷待哺之灾民何以度荒？陈廷敬指出，其所以如此反复行文迟回者，"非故为郑重也，所行之则例然耳"。为此，他大胆直言："臣愚谓被灾分数即见，地亩高下既有册结可据，即宜具复豁免。"如此，可"上宣圣主勤民之意，下慰小民望泽之心，中不使猾吏奸胥缘为弊窦，勿循旧例为便"。陈廷敬请破除旧例，其建言切中时弊，因之再一次被采纳，"疏下部议，令嗣后巡抚题报灾情后，速分晰高下具题，户部复核无舛（chuǎn，差错），即准蠲免"。

陈廷敬"勿循旧例为便"的为政主张，是与其"因时制宜"的行政思想一脉相通的。在清代官僚政治以循例办事、墨守成规为特征的官场中，陈廷敬的主张，不乏政治上的卓识。

# "一门三公，父子同宰"

## ——清朝重臣刘统勋、刘墉及其家族

### 朱亚非

　　山东诸城刘氏家族在清代十分显赫，先后出了 11 位进士，7 位二品以上高官，乾隆帝为其赐字"海岱高门第"。尤其是刘统勋、刘墉父子在乾隆年间同朝为大学士，刘墉之侄刘镮（huán）之在嘉庆年间任尚书，三人死后分获谥号"文正""文清"和"文恭"，被称为"一门三公，父子同宰"。

### 一

　　刘统勋，字延清，先后任内阁学士、礼部和刑部侍郎、左都御史、工部和刑部尚书、陕甘总督、吏部尚书、内阁大学士等职。他任大学士长达 12 年之久，乾隆三十六年（1771）成为第一位被任命为首席军机大臣的汉官。乾隆帝对其非常倚重，说他"练达端方，秉公持正，朝臣罕有其比，故凡审决大狱，督办大工程，悉命统勋前往莅事，无不治者"。

　　刘统勋为官正直敢言，不结党营私。在左都御史任上，上书直陈当时权势极大的大学士张廷玉和吏部尚书讷亲拉帮结派，结成朋党，朝野人士为之赞许，也引起了乾隆帝的重视。刘统勋作为朝廷重臣，常在朝中参与机务，与内廷宦官多有见面机会，但他"从不与内侍交一言"，加以避嫌。当时官场多以门生故吏形成朋党，他担任会试主考所录之人都自称是其门生，纷纷要拜他为师，但刘统勋从不与之交结，纳为己党。他在主持科考、选拔官员方面从不徇私舞弊，因此，与其相识交好之人科场落选或选官不中，也都认为是很正常的事，并无怨言。在向朝廷举荐人才时，他内举不避亲，外举不避嫌。如乾隆帝让刘统勋举荐《四库全书》总纂官，他当即推荐纪晓岚，而当时纪因触怒皇帝正发配西北，朝中无人敢为其说话。刘统勋了解纪晓岚博学文史，堪当重任，不因他是自己门生而刻意避嫌。事实证明纪晓岚的确是《四库全书》编纂的不二人选。

由于清正廉洁，刘统勋备受倚重，一些重大问题，乾隆帝都要征求他的意见。他多次受乾隆帝委派到各地巡视，对云贵总督恒文、云南巡抚郭一裕以上贡为名收购黄金中饱私囊案，西安将军都赉侵饷案，归化城将军保德侵吞公款案，江苏布政使苏崇阿侵吞公款案，江西巡抚阿思哈受贿案等贪赃枉法案件一查到底，绝不手软。这些大案涉案人多为满洲高官显贵，刘统勋不惧危险，排除干扰，及时果断处理，打击和震慑了贪官污吏，对当时政治清明起到了重要影响。刘统勋的勇气源于其自身清廉，从不接受贿赂，虽为官多年但从不为己谋求私利。《诸城县志》记载他"家故有田数十亩，敝庐一处，服官五十余年，未增尺寸"。

刘统勋为官处事认真负责，重视民生。当时黄河水患不断，且因黄河与运河交汇，黄河泛滥河床淤高，严重影响运河的畅通。乾隆朝前期，刘统勋是治黄和保运工程的决策者和领导者之一，从乾隆十一年到十八年，几乎每次黄河、运河出险，他都前去指挥治理。在治理水患过程中，他熟练掌握了防患和河运知识，"凡十视河堤，两修海塘，前后章疏数十，皆合机宜，剔除积弊，利赖民生"。他为安定黄河、运河两岸人民生活作出了巨大贡献，当时河南百姓曾在黄河岸边为他立生祠，以示纪念。

# 二

刘墉，字崇如，刘统勋长子，也是著名的清官。以他为原型，经过戏剧故事、影视作品的描绘和广泛传播，让"刘罗锅"成为一个家喻户晓的艺术形象。

刘墉于乾隆十六年（1751）中进士，乾隆朝先后任庶吉士、学政、知府、巡抚、左都御史、尚书、总督、协办大学士等职。在嘉庆朝，他又因向乾隆帝要回传国玉玺及协助清除和珅而受到嘉庆帝倚重，成为大学士兼太子少保，有"定册元老"之称，权力和地位居汉臣之首。

纵观刘墉数十年宦海生涯并不平坦，经历了几次起伏升降。他受其父教导，始终坚持清正廉洁、勤于政事、为官一任造福一方的政治抱负。他长期担任地方官，每到一地都做出许多政绩：在安徽和江苏学政任上改革教学与考试陋习，改变不良学风；在太原清理陈年旧案，充实地方仓储，受到百姓赞扬；在江宁因为公正清廉，断案明察秋毫，老百姓称之为"包龙图"，风行一时的话本《刘公案》就是根据他任江宁知府时的事迹编写的；在湖南巡抚任内，他又盘查仓库，修缮城池，开采铜矿，救济灾民，革除陋习。乾隆四十七年（1782），刘墉受命与和珅等共同查处山东巡抚国泰贪污案。由于国泰大肆贪污，数十州县仓库亏损，百姓深受其害。国泰与和珅交情很深，刘墉到时，他早已做好应对准备。刘墉等人查验历城库房，发现库银并不短缺，但细心的刘墉从银两颜色型号不一中发现了疑点，深入调查后，得知是国泰借商号银两凑数对付。刘墉随即贴出告示，要求各商号不得借给官府银两，如果借出即行收回，否则全部充公。由此一来，官府库银顿时清空，国泰只好认罪。在乾隆帝支持下，刘墉一查到底，国泰等首犯俱被处死，向他们行贿的官员被撤职查办，成为当时震动官场的一件大案。

乾隆晚年权臣当道，刘墉在担任南书房行走后，转而以滑稽自居，处事模棱两可，很少发表尖锐意见，以明哲保身。这与他吸取了以往政治斗争的教训有关，但其关键时刻挺身而出的作风并未改变。嘉庆元年（1796）禅位大典上，乾隆帝未带传国玉玺，传玺给新君嘉庆帝的仪式难以进行，在场的大臣们害怕得罪乾隆帝，不敢向其明言，只有刘墉挺身而出，向乾隆帝追回玉玺。

# 三

从康熙至嘉庆年间，诸城刘氏共有 14 人做过知县以上官员，多有政绩，赢得所治地方百姓的爱戴，也为刘氏望族留下很好的名声。刘家的兴旺发达，与其重视文化的传承是分不开的。刘氏家族对后人灌输"一曰德行，二曰学问，三曰功业"，族人为官者多在浑浊的官场中保持了一股清廉公正之风。刘统勋先人刘棨（qǐ），身为四品官竟然无盘缠回乡奔丧，后变卖家乡田产，才为母发丧。刘统勋久居相位，不置田产，有世交之谊的朋友赠给其银两，全部分给贫困乡亲。刘墉历来俭朴，赴太原上任时写有"帽破衣残到太原，故人犹作旧时看"的诗句。这与乾隆末年的奢华之风形成了鲜明对照。刘镮之做到户部尚书的高官，也是十分俭朴，其诗有"家因俸薄贫无补，诗为官闲格益清"之句。安于清贫、恪守清廉是刘氏族人为官的一贯作风。

重视教育、诗书传家是刘氏家族的传统。从顺治年间刘必显考中进士开始，就严厉督促子弟读书，历代科举入仕者不断，家族文化得以传承。即使到了乾嘉年间，刘氏受朝廷恩宠日隆，但仍把读书放在首位。刘镮之担任尚书后，还谆谆告诫后代"闻鸡起舞吾家事，莫误长沙射策年"。

因为家学功底深厚，刘氏家族中知识渊博、学问精深者代不乏人。同治二年（1863），刘绍庭编《东武刘氏诗萃》，收录刘氏八代七十二人诗作，反映了家族诗学之盛，诸城刘氏被称为"山东诗文世家"之一。刘统勋不仅诗文皆佳，还提携了大批后辈学者。刘墉更是学识渊博，被认为"熟于《史》《汉》，博通前人诗书文词，尤精于内典，傍及说部"（张其凤《中国书法全集·刘墉卷》）。其后裔刘喜海撰有多部金石学著作，被认为是清代金石学名家之首。

刘统勋、刘墉父子及其族人，治学严谨，学识渊博，受人景仰；而其为官清正廉洁，刚直不阿，更是难能可贵，弥久传颂。

## 作者简介

朱亚非，1955 年生。山东师范大学历史文化与社会发展学院院长兼山东地方史研究所所长、教授、博士生导师。著有《明清史论稿》、《山东通史》（明清卷）、《齐鲁文化通史》（明清卷）等多部学术著作，发表论文 60 余篇。

# 19 世纪世界巨富伍秉鉴的商海浮沉

唐 博

2001 年，美国《亚洲华尔街日报》评选出一千年以来全球最富有的 50 个人。除了洛克菲勒、比尔·盖茨等当代巨富，成吉思汗、忽必烈、刘瑾、和珅、伍秉鉴和宋子文等 6 位中国人也名列其中。六人之中，伍秉鉴的名字是大众较为陌生的。他的商海浮沉，不仅折射出近代中国商人群体的起伏，而且在一定程度上反映了 19 世纪前期中国社会的历史变迁。

## 一、跨越官商

伍秉鉴（1769—1843）的家族世居福建泉州，康熙初年移居广东后开始经商。其父伍国莹早先是一家商行的账房先生，不仅充当会计，而且参与资产管理和投资贸易，与英国东印度公司多有来往，积累了丰富的经验和财产。乾隆四十八年（1783），伍国莹投资成立怡和行（háng），发展海外贸易。嘉庆六年（1801），伍秉鉴子承父业，登上了中国对外贸易的前台。

伍秉鉴接管的是一笔潜力巨大的优质资产，因为怡和行名列"十三行"之中。"十三行"是清前期广州对外贸易中特有的商业利益集团，是官府招募的"身家殷实、居心诚笃"的商家，其数量并非限于 13 家，只是一个"因习俗特有的命名，用以区别于其他行口，并作为一个洋行商人行帮的统称"。它们一方面负有对官府承保、缴纳外洋船货税饷以及传达官府政令、代递外商公文和管理洋船人员等义务，另一方面也享有外贸特权，洋商的货物必须经由这些官府指定的代理商买卖。乾隆中叶以来广州一口通商的格局，使"十三行"在外贸领域的垄断地位愈发凸显。

在当时"官本位"和"重农抑商"的社会氛围中，"十三行"的行商虽然贵为官商，也得通过捐官确保社会地位，比如说伍秉鉴就捐过三品顶戴。由于行商们大多捐有官衔，因而所起商名多带"官"字，既是一种尊称，相当于英文的"先生"，又表明他们有一官半职。伍国莹和伍秉鉴的商名都叫"浩官"，以至于不少洋人将此当作他们的真名。

怡和行主营茶叶贸易。尽管当时欧洲各国对茶叶质量十分挑剔，但怡和行的功夫茶一直被东印度公司鉴定为最佳，标以高价出售。久而久之，凡是装箱后盖有伍家戳记的茶叶，在国际市场上就能卖得出高价。怡和行兼营的房产、店铺、茶园等也多生意兴隆。据伍家自己估计，至道光十四年（1834），伍秉鉴积累的财产达 2600 万银元，相当于清廷近半年的财政收入，俨然是洋人眼中的"世界首富"（［英］马士：《中华帝国对外关系史》；［美］亨特著，冯树铁译：《广州番鬼录》）。他在珠江南岸溪峡街的伍氏花园，堪与《红楼梦》里的大观园媲美。伍秉鉴对怡和行的经营如此成功，以至于 1842 年，已经成立 10 年之久的英商渣甸洋行，为借助怡和行的声望，专门更名为怡和洋行。

## 二、致富之道

作为行商，伍秉鉴之所以能在较短的时间内迅速积聚巨额财富，主要有三方面原因。

一是慷慨大方，诚信细心。伍家以外贸起家，以外贸发家。伍秉鉴经营外贸有长远眼光，常常表现得慷慨大方，讲求诚信，而且很有人情味。曾有一位美国商人替伍秉鉴承销一船生丝，利润颇丰，然而这笔货款并未按事前约定兑换成东印度公司期票，而是被美商挪用购买了一批英国毛织品，结果砸在手里，损失数千银元。美商主动提出包赔，但伍秉鉴却收下了这批滞销品，婉拒了美商的赔偿。另一个美国商人由于经营失当，欠了伍秉鉴7.2万银元，因无力偿还而没法回国。伍秉鉴听说后，竟当面撕掉了借据，相当于免掉了这笔巨债。伍秉鉴此举，与锱铢必较的传统商业行为大相径庭，在美国国内引起了强烈反响。

不过，慷慨大方不等于到处施舍，伍秉鉴在经营上是一丝不苟、工于心计的。他从存放在英商行号里的银元期票中算出的利息，与英商兑付的数目分毫不差，令洋商颇感震惊。尽管怡和行收费高、业务忙，很多洋商还是愿意跟伍秉鉴做买卖。因为在他们看来，怡和行的商品质量和发货时间是值得信任的。

二是长期投资，放眼海外。伍秉鉴将有限的财力投到几个关键领域，使得资本收益最大化。怡和行是"十三行"中的后起之秀。1811—1819年，伍秉鉴向几家濒临倒闭的商行累计放贷200多万银元，到19世纪20年代，怡和行已经无可争议地成为"十三行"的"总商"（清政府在垄断行业特许商人中指定为首领的殷实商户）。

怡和行还把投资延伸到海外。英国公司每年结束广州贸易前往澳门暂住时，总会将货款交给伍秉鉴代管。公司资金周转不开，也向伍家借贷。以美国旗昌洋行为例，伍秉鉴不仅把它作为茶叶等外销产品的代理商，还对其注资附股，施加影响。此外，伍秉鉴还曾投资于美国的保险业、证券业，其子伍绍荣甚至向美国的铁路建设进行长线投资。据说伍家在美投资，每年可收利息银 20 多万两。

三是打通官府，迎合朝廷。伍秉鉴深知，行商纵然"富可敌国"，在官府面前也是弱势群体，随时有可能破产或者遭受牢狱之灾，所以搞好关系至关重要。自 1801 年至 1843 年，伍家以各种名义捐款 160 万两，"捐输为海内之冠"。他还曾介绍商馆的美国医生为林则徐看病。鸦片战争结束后，伍秉鉴带头倡捐 26 万两，以购买新式战舰，巩固海防。

## 三、神话破灭

虽然伍秉鉴一贯小心谨慎，最终还是在鸦片问题上栽了大跟头。道光元年（1821），因怡和行担保的一艘外洋商船夹带鸦片被查，伍秉鉴被革去三品顶戴（《清道光朝外交史料》）。

道光十九年春，钦差大臣林则徐带着禁烟的使命来到广州。伍秉鉴尽管没有参与走私鸦片这种肮脏的生意，但作为"总商"，对洋商监管不力就是失职。林则徐到后即责其传谕洋商限期缴烟，签署具结，保证不再夹带鸦片入境。然而，洋商置若罔闻，伍秉鉴两头为难，结果斡旋失败，银铛入狱，虽有幸保住性命，却颜面尽失。林则徐随即派兵包围商馆，迫使洋商就范。尚未做好战争准备的英国人只得屈服，悉数交出了鸦片存货。这年夏天，林则徐在虎门海滩主持销烟。

次年，鸦片战争爆发。道光二十一年，英军兵临广州城下。伍秉鉴又被官府推上前台，力求调停。这是怡和行最失败的一桩生意，没有谈判的本钱，只能任人宰割。最终，双方签署《广州和约》，清军退出广州城，并缴纳 600 万银元赔款，换取英军不进广州城的承诺。伍秉鉴虽然承担了其中的 110 万银元赔款，但还是背上了"汉奸"的骂名。

道光二十二年签署的《南京条约》，赔款 2100 万银元，怡和行被摊派 100 万银元。算上战争中被烧毁的价值七八十万银元的货物，怡和行在鸦片战争中直接损失近 300 万银元。对这一切，他只能以"赔财消灾"聊以自慰，甚至打算背井离乡，移居美国。

《南京条约》规定的五口通商，打破了怡和行赖以维持垄断地位的一口通商格局。条约第五款"凡有英商等赴各国贸易者，无论与何商交易，均听其便"的规定，则彻底毁掉了"十三行"的制度根基。怡和行的好日子到头了。

道光二十三年，伍秉鉴去世。13 年后，第二次鸦片战争的炮火摧毁了珠江沿岸的行商商馆，怡和行的历史就此终结。

# 黑龙江将军寿山之死

## 吴丽华

在中华民族的历史上，曾涌现出无数为反抗侵略而英勇牺牲的爱国英雄。晚清时期，为抵抗沙俄入侵而壮烈殉国的黑龙江将军寿山就是其中之一。

## 一、将门之后　治边大吏

寿山，字眉峰，汉军正白旗人，咸丰十年（1860）生于瑷珲，父吉林将军富明阿为明末兵部尚书袁崇焕六世孙。作为将门之后的寿山，青少年时就接受"忠君报国""爱民如子"等传统思想的教育，《寿山家传》中称其能"道大义，宿儒不能难也"。

33岁时，寿山因父去世，袭骑都尉世职，以三品衔留京归兵部选用。光绪二十年（1894），中日甲午战争爆发，寿山奉旨随营"差遣"，他单骑就道，驰抵前线投入战斗，身负重伤。

光绪二十二年，寿山出任黑龙江镇边军统领。他主张富国强兵，注重经济开发和边防建设。时任黑龙江将军的恩泽上奏保举他为黑龙江副都统。次年，寿山入见光绪帝。光绪帝垂询边事甚为详悉，寿山逐一回答，遂被任为瑷珲副都统，帮办边防。到任后，他与将军恩泽商议，选派贤能官员为新军参赞。寿山趁着去上海采办军装的机会，经由长崎、海参崴、伯力，自海上而归，行间巡视边界形势，以修战守之务。

寿山通过总结甲午之战的经验教训指导练兵，常告诫部下诸将："临阵不惧，好谋而成，此千古用兵第一义。"又说，要战胜敌人，兵非训练十年不可，才能收到实效。他认为，如不知敌我之虚实，轻率开战，即使侥幸获胜，也没有可以善后的办法，更何况打了败仗？他激励将士："甲午之役，是其前车。愿诸君勉之。"

寿山负责练兵不到两个月，十五营新军即已初具规模，但车马器械尚未备齐。不料，黑龙江将军恩泽遽然病故。恩泽死前曾上疏建议，由寿山暂掌将军印。光绪二十六年（1900）正月，清廷命寿山署黑龙江将军。他深知守疆任重，孜孜求治，除弊去奸，整军治武，不遗余力，亲手制订行阵操法，绘制军事要隘图，制定赏罚条例颁发给将领。他特别重视选拔人才，即使对低级官吏也切实考核，不遗漏俊逸之才。寿山身为黑龙江地区的最高军政长官，励精图治，尽心竭力，使黑龙江的吏治、军务、边防都有明显的改进，财政亦稍有宽裕，在军民中博得很高声誉。

此时义和团运动已发展到东北，斗争矛头直指沙皇俄国。沙俄准备入侵黑龙江，战争一触即发。五月二十七日至六月初，清廷向各地官员发布谕令，要求其保守疆土，不许心存"和"念。

## 二、知已知彼　积极备战

寿山接到谕旨后，认为黑龙江兵饷不足，如果与俄开战，实难应付。他向光绪帝上奏报告当时的窘况：黑龙江镇边新旧两军仅有 36 营，每营又不足额。其粮饷，唯老兵之饷银仅存 14 万，而新军之饷，除支付购炮价并吉林机器局外，也仅存 19 万，有关部门所存收缴的各项租赋，仅存 16 万，通计不及 50 万。若不迅速接济，难以久持，唯江省物力素称穷苦，本地已无法筹措。

七月初，沙俄出动兵力 17.7 万人，组成 5 个军，分 6 路进攻东北。其中两个军直接进攻黑龙江。双方实力对比，清军处于绝对劣势。战争爆发后，清廷对东北三省多次电谕："三省相依为命，当此时艰危，自应联络一气，彼此徇谋，和衷共济；不可各存意见，致误大局。"（光绪二十六年七月十一日《军机处寄盛京将军增琪等上谕》）但盛京将军增琪对战守不予准备，又处处与主战派晋昌不和。吉林将军长顺也没有积极备战。此时，李鸿章已从广东调任直隶总督兼北洋大臣，在京与八国联军议和，增琪便趁机命各军严守边界，勿"浪战"邀功。由于增琪、长顺的消极对待，使三省"联络一气"化为泡影。就是在这种极为不利的情况下，寿山还是积极地作应战准备。

在沙俄入侵前，寿山三次电奏朝廷，将战前准备及军事布置一一奏明。如他六月十三日的奏折将战前部署向光绪帝详细报告：请将瑷珲副都统凤翔、呼伦贝尔副都统依兴阿、通肯副都统庆琪委三路翼长，节制军务。安徽候补知县程德全委为行营营务处总理。以北路战守交凤翔主持，西路战守交依兴阿主持，东路战守交庆琪主持，程德全往来联络。寿山本人居中调度，如某一方面吃紧，他再亲自前去策应。他通令各营，补足十成兵额，并要求奉、吉两省匀拨枪械弹药诸物。他排练制兵，并调内地防营兵，以缓济急。面对强敌，寿山将军没有丝毫的怯懦，而是怀着必胜信心作好战前准备。

## 三、壮烈殉国　以死明志

开战后，瑷珲、大黑河相继失守，凤翔退守北岭后英勇战死。寿山将军闻讯失声痛哭，"目眦（zì，眼角）几裂，愤懑愈深"，亲赴北关为其设位而哭。他把将军印信交副都统萨保代理，欲亲赴前敌督战。萨保力劝，遂派程德全赴北大岭迎敌。这时，朝廷派李鸿章与沙俄谈判，电令停战。程德全到北大岭按朝廷旨意与俄国商议停战事宜，俄军则提出要到卜奎城（齐齐哈尔）见寿山将军。此时，前线将领纷纷投降，沙俄侵略军前队直逼卜奎城下。

寿山知战祸将至，为防民众罹难，先二日开城放商民出外避难。八月二日，程德全入城见寿山，面陈与俄军议和事宜。这时，城中已没有守军，只有百多名义和团民。在此大敌当前，战局处于"言战难""言守难""言退难"的时刻，又接到俄军的通牒和朝廷停战电文，寿山将军自度（duó）："终不能亲见俄军与之议和，又不欲使城中居民无端罹祸，又自念世受国恩，宜阖门殉节。"遂决意以殉国之举，表示对俄军与投降派的蔑视和反抗，实现其尽忠于国家和民族之志。八月三日，俄军陆续抵达城下，程德全出城照应。

初四日早晨，俄将坚持要见寿山。寿山将军闻讯作遗书致俄将，要求其勿杀居民。写完，即命随从抬棺放入朝衣朝冠，他从容卧于棺中，取金器吞入腹中，未能即死，命其子向他开枪，其子手颤抖不忍发，误中右臂，仍不死，又命其家将继之一枪，中小腹，犹不死。他厉声呵斥，家将无奈说："如此，宜令速死，免受痛苦。"（《东三省失守始末记》）于是再开一枪，洞胸而亡。

寿山自杀殉国前，增琪等将吏对他百般攻讦，致使朝廷下谕，将寿山革职，"听候查办"。他殉国后，清廷仍维持原来处分，不予抚恤，以免开罪于沙俄。他的死不仅未得到朝廷应有的恤悯，反倒铸成历史的冤案。直到光绪三十二年（1906），在时任黑龙江巡抚的程德全与东三省总督徐世昌合疏奏请下，清廷才批准按武职例议恤。

## 四、遗嘱遗折与身后评价

寿山将军殉国前，虽遭诬陷被革职，仍向程德全留下遗嘱，嘱其妥善与俄谈判，勿伤百姓；并向朝廷留下遗折，对边防建设、八旗官兵屯荒及开荒政策、纠正官场腐败等问题，都提出中肯的建议。他呼吁："江省之事，非开荒无从下手；开荒之举，非招民无从下手。以七城之大，土地之沃，如果得人而理，不出十年必能自立。"（《寿将军遗折原稿》）耿耿忠言，尽显寿山忧国忧民之心。

寿山虽然没有牺牲在杀敌战场上，但他以身殉国，连俄国人也不得不承认他是"满洲将军中最刚毅"的一位（帕·瓦西里耶夫：《外贝加尔的哥萨克》）。寿山将军的民族气节，应当载入中华民族的英雄史册。

## 作者简介

吴丽华，女，1970 年生。吉林大学中国近现代史专业硕士，现为齐齐哈尔大学文学与历史文化学院副院长、教授。

# "亦官亦商"的盛宣怀

## 杨东梁

盛宣怀（1844—1916），有"中国第一代实业家"之称，是晚清中国大名鼎鼎又颇具争议的人物。作为上海交通大学创办人，他的半身铜像至今仍矗立在该校校园内。

盛宣怀，字杏荪，江苏武进（今属常州市）人。其父盛康曾任湖北粮道、盐法道，一生注重经世致用之学，辑有《皇朝经世文续编》，这对盛宣怀后来热衷办"洋务"产生了一定影响。

盛宣怀在科举的道路上屡屡受挫，二十二岁才中秀才，以后三次参加乡试，都名落孙山，连个举人都没考上，从此绝意科举。"读书不成去学剑"，盛宣怀于同治九年（1870）进入湖广总督李鸿章的幕府，随其赴陕西镇压回民起义，初步展示了他的能力。以后，李鸿章调任直隶总督，大办"洋务"，盛宣怀就成了李氏办"洋务"的左膀右臂。"时文忠（李鸿章死后谥文忠）为直隶总督，务输海国新法，图富强，尤重外交、兵备。公则议辅以路、矿、电线、航运诸大端为立国之要，与文忠意合"（陈三立《盛公墓志铭》）。

盛宣怀的一生与中国近代化事业紧密相关。当时中国处在贫穷、落后的时代，他不仅创办和经营了轮船、电报、煤铁开采，而且涉足于冶炼、铁路、纺织、银行、文教卫生等新兴事业。有

学者统计过，在盛宣怀参与中国近代化事业的进程中，占据 11
个"第一"的位置：一、参与创办中国第一家民用航运企业——
"轮船招商局"；二、拟就中国第一个民办企业章程——《轮船
招商局章程》；三、创办中国第一家电讯企业——天津电报局；
四、创办中国第一家内河轮船航运公司——山东内河小火轮航运
公司；五、创办中国第一家近代银行——中国交通银行；六、在
原汉阳铁厂基础上，创办中国第一家商办钢铁联合企业——汉冶
萍煤铁厂矿公司；七、督办修建中国第一条南北干线铁路——芦
汉铁路；八、创办中国第一所工科大学——北洋大学堂（今天津
大学前身）；一年后又创办了南洋公学（今上海交通大学前身）；
九、创办中国第一所正规师范学校——南洋公学师范班；十、倡
议成立中国红十字会，并为第一任会长；十一、创办中国第一所
民办图书馆——上海图书馆（见夏东元《盛宣怀的业绩》）。

作为一名实业家，盛宣怀为中国近代化事业做了不少实事。
那么，他办近代实业又有哪些特点呢？

首先，盛宣怀具有"官"与"商"的双重身份和性格。即
所谓"一手官司印，一手算盘，亦官亦商，左右逢源"（李鸿章
语）。

做官的方面，他从候补知府、候补道员做起，至四十三岁时
（1886 年）实授山东登莱青兵备道兼烟台东海关监督，六年后调
补天津海关道兼天津海关监督，协助直隶总督、北洋大臣李鸿章
办理洋务、外交，后授大理寺少卿、宗人府府丞、办理商务税事
大臣、工部左侍郎、邮传部右侍郎。宣统三年（1911），授邮传
部尚书，官居从一品，旋解职。

经商方面，19 世纪 70 年代起，凡中国创办的主要近代工商
企业，很少有盛宣怀未参与的。同治十一年十二月（1873 年 1
月），轮船招商局成立，他是会办（总办为唐廷枢），负责拟订

《轮船招商局章程》，主管漕运和揽载；光绪元年九月（1875年10月），他拟订《湖北煤厂试办章程》，并于翌年出任湖北开采煤铁总局提调；光绪六年（1880）秋，在天津设电报总局，他为总办；光绪八年八月（1882年9月），金州矿务局于上海成立，他任督办；是年冬，中国电报总局设于上海，他亦任督办；光绪十一年七月（1885年8月），受命任轮船招商局督办；光绪十九年十一月（1893年12月），规复上海织布总局（原厂失火被焚），改名"华盛纺织总厂"；光绪二十二年四月（1896年5月），督办汉阳铁厂；旋任铁路总公司督办。

在盛宣怀"亦官亦商"的身份中，"商"占主导方面。他身上的官衔多数是虚职，很少赴任理事，其主要精力还是放在办企业上。他所创办的近代企业，除湖北煤厂以失败告终外，多数取得了成功。所以有学者说盛宣怀"是处于非常之世，走着非常之路，做了非常之事的非常之人"。

盛宣怀办近代实业的第二个特点是以开风气、"敌洋产""收利权"为主要目的。他所上《轮船招商局章程》序言中就写道："火轮船为中国必不能废之物，与其听中国之利权全让外人，不如藩篱自固。"他到湖北办矿务，也是"欲开中国之风气，以收外洋之利权"（盛档，《上李鸿章详》，光绪十年闰五月）。他经营电报事业，颇含力争主权的思想，"凡欲保我全权，只争先人一着，是非先自设电线，无以遏其机而杜其渐"（盛档，《禀李鸿章稿》，光绪八年）。盛宣怀举办近代实业的一个出发点是"力保华民生计起见，倘有可以收回利权者，无论何事必须设法筹办，方于国计民生两有裨益"（盛档，《上北洋大臣王文韶禀》，光绪二十一年四月）。正是在这样一个前提下，他提出了一个举办近代企业的方针，即"权自我操，利不外溢，循序而进，克期成功"（《寄直督王夔帅》）。

第三个特点是，提倡"官督商办"的经营方式。在盛氏看来，"商受其利而官操其权，实为颠扑不破之道"（盛档，《详定大略章程二十条》）。在经营电报时，盛宣怀就指出："此等有益富强之举，创始不易，持久尤难。倘非官为维持，无以创始；若非商为经营，无以持久。"尽管"官督商办"的经营方式存在种种弊端，但在以"官本位"为特征的中国封建社会中，筹办近代企业这个新生事物如没有"官"的提倡与支持，可以说是寸步难行。更为难能可贵的是，盛宣怀在倡导"官督商办"之时，把"顾商情"放在重要位置上。办电报局时，他便提出："其本则尤在厚利商民，力图久计。"（《电报局招商章程》）同时，盛宣怀还提出了商人与国家利益一致性的论断："商人之利，亦国家之益也。"（《详定大略章程二十条》）

第四个特点是，在办实业的过程中，盛宣怀强调人才的培养。他说："实业与人才相表里，非此不足以致富强。"（《格致课艺全编》卷二）盛宣怀意识到人才培养的重要性和紧迫性，认为"搜罗今日之梓楠，培养他年之桢干，为一代得治人，胜于为百代立治法"（盛档，《致李鹤章函》，光绪三年正月）。他一再强调"得人尤为办事之先务"（盛档，《上李鸿章禀》，光绪四年八月）。举办现代企业必须依靠新式科技人才，而这些人才的来源又必须依靠自己的培养，聘用外国技术人员只能是短期应急，而非长久之计。正是基于这样的认识，盛宣怀才下决心创办北洋大学堂和南洋公学，为中国的近代化事业培养了一批英才。

盛宣怀办实业、办教育都很有成就，为中国近代化所作出的贡献功不可没，但他在政治上却相当保守。他一生未能跳出洋务派"中体西用"的窠臼。光绪二十四年（1898），变法维新运动进入高潮时，盛宣怀与维新变法大唱反调，声称"中国根本之学术不必更动"（光绪二十四年六月二十三月《复陆伯察阁学》）。

光绪二十六年（1900），义和团运动爆发，盛宣怀先后致电两广总督李鸿章、两江总督刘坤一、湖广总督张之洞，发起"东南互保"，奉行剿拳、护使、不援京师的方针。这一方针既迎合了列强稳定长江流域的需要，也保护了东南地区官僚地主阶级的利益。

宣统三年（1911），武昌起义爆发，盛宣怀立即致电正在彰德"养疴"的袁世凯说，"此乱蓄之已久，若不早平，恐各省响应"（《愚斋存稿》卷八七），力促其立即出山，"万勿迟疑"，挽救清廷危局。在维新、革命的大潮中，盛宣怀扮演的是维护清朝封建统治的角色，这是他的政治悲剧。

# 流言编织的"往事"：赛金花和瓦德西

程　歗

光绪二十七年三月初一（1901 年 4 月 19 日），在京作"辛丑和议"的全权大臣奕劻等致电追随慈禧太后携光绪帝逃亡西安的军机处："二月二十九日夜内，仪鸾殿不戒于火，延烧前后殿、配殿"，"烧毙德国提督一名"。这份电报现存中国第一历史档案馆。

著名的仪鸾殿地处紫禁城边的中海西岸，是慈禧太后决策兼起居的权力中心。庚子年（1900）夏，八国联军攻占北京后，联军统帅、德国陆军元帅瓦德西为羞辱清逃亡政府，把这里选为自己的司令部。电报中提到丧生的"德国提督"是其参谋长施瓦兹霍夫少将。瓦德西本人闻警撤出，衣衫不全。

仪鸾殿大火以后，北京的街头巷尾出现了一种流言：瓦德西逃出火场时还挟着一个女子——已故状元洪钧的小妾、时为京师名妓的赛金花。据传，这位"赛二爷"（因其好与人称兄道弟，故称）同 68 岁的"瓦帅""过从甚密"，瓦则对她"言听计从"。他们的交情，对遏制洋兵暴行、保护京华名胜和推动辛丑和议起了特殊作用。这类说法越传越神，以致产生了一桩中国近现代史上扑朔迷离的"瓦赛公案"。

较早将这类市井流言编成文字的是清末两种文学作品——樊

樊山的《后彩云曲》和曾朴的《孽海花》。章回小说《孽海花》从 1905 年起在上海分集陆续出版。作者在后来讲了他的创作意图：欲借小说人物金雯青（按：影射洪钧，他号文卿）和傅彩云（赛金花曾用名）为主线，来"容纳近三十年来的历史"。该书没有写完，留下了诸如"夜宿仪鸾曹梦兰从头旧温梦""片语保乡间二爷仗义"等回目。而成于 1903 年的《后彩云曲》的作者，后来也坦言因得传闻，才写下了诸如"仪鸾殿灾，瓦抱之（指赛金花）穿窗而出"等等的游戏之笔。不过，这两件作品的传播，特别是《孽海花》较鲜明的社会批判性和吸引时人的故事性，在文人社会造成了很强的可信度。

《辛丑条约》签订后的第 32 个年头（1933），北平《实报》记者发现了蛰居在城南居仁里的赛金花。她已年过六旬，生活窘迫，主要靠摆香堂降神"驱邪"来维持生计。昔年"赛二爷"还健在的消息在平津报纸上一登，立即引起了舆论轰动。赛氏也高调出场，频频接待来访者或出席招待会，以至和胡适、傅斯年、刘半农等古城著名学人交谈应酬。相关采访随即变成了报章新闻和文史资料，其中最有代表性的是两本小册子：一是青年学人商鸿逵与乃师刘半农几经讨论后写成的《赛金花本事》；一是曾繁的《赛金花外传》。在这两本可以称为近代中国早期的口述史和其他采访记里，赛氏讲述了对时人影响很大的几件事：

一、赛金花说，庚子年天津起义和团，街面紊乱，她避难到北京，不几日洋兵便进城了。当时她躲在南城一家熟人的住处，遇到几个德国军人骚扰，她用德语问起几位德国名人的近况，军人们很惊奇，当即回去报告主帅。第二日，瓦德西就派车接了她去，留饭赠银，优礼有加。此后，瓦德西"差不多每天都派人来接我"，或兵营住宿，或街头并骑，"很少有间断的日子"。

二、联军在北京杀人放火，其中德国兵更是四处搜寻杀害该国驻京公使克林德的指使人（1900 年 6 月 20 日，克林德被清兵枪杀在东单牌楼街头）。她对瓦德西说：杀死克林德的是义和团，不是慈禧太后和北京平民，劝他"肃整军纪"。瓦氏到底"深明正义"，"随着就下了一道命令，不准兵士们再在外边随便杀人"。"这是联军入京第五日的事，第五日之后，京民便得安宁了"。

三、开和议时，克林德夫人不依不饶，要太后、皇上抵罪，弄得李鸿章也没有办法。于是赛又托瓦介绍去求见夫人，说的是："你们外国替一个为国牺牲的人作纪念，都是造一个石碑，或铸一个铜像；我们中国最光荣的办法，却是竖立一个牌坊。""我们给贵公使立一个更大的，把他一生的事迹和这次遇难的情形，用皇上的名义，全刻在上面。这就算是皇上给他赔了罪。"经她再三劝说，克林德夫人点了头，"和议因此便打开了僵局"，条约的第一项就是建坊。

不过，关于和瓦德西交往的情况，赛氏的自述中常常自相矛盾。一时讲他们在欧洲已经"相当熟识"，一时又讲在北京才邂逅相遇；时而讲他们之间"清清白白"，"非常的守规矩"，时而又自认"我与瓦德西住在仪鸾殿，共四个月，他走的时候要带我回德国去，我不愿意"。有一次大概是遇到了热衷刨根问底的采访者，于是她急了："他们都是胡说呀，我那（哪）会和他（指瓦）认识哪！"

赛金花和德国人究竟有什么样的历史联系？她的以上口述到底有多少可信的成分？这里需要对赛金花的生活史及其所处时代，略作辨析。

赛金花自述姓赵（也曾对人称姓郑），小名彩云。祖籍徽州黟（yī）县，大约于同治十年（1871）生在水城苏州。十几岁时，到花船上当陪客幼妓，冒姓富（一说傅），随后被同治朝戊辰（同治七年）科状元洪钧（1839—1893）纳为妾。光绪十三年

（1887）洪钧任俄德奥和（荷兰）四国出使大臣，携彩云出洋。她自述在柏林觐见过德国皇帝、皇后以及首相俾斯麦等政要。1891年洪卸任回国，以兵部左侍郎入值总理衙门，病故任上。富彩云扶柩回苏州后离开洪家到了上海。

随后，富改名曹梦兰重操旧业，当"领家"开"书寓"——供上流社会玩乐的妓馆。"状元夫人"和闹市勾栏的怪异结合，使她的"生意"相当走红。光绪二十四年（1898）曹迁天津开"金花班"，号"赛金花"。她常到北京"走票"，利用其特殊身份结交官宦。有一位出身世家时任巡城御史的陈恒庆，到垂暮之年仍念念不忘斯人的绰约风姿，他在笔记里写道：赛开班的砖塔胡同"车马盈门"，"至吾家相府请安者数四，予因得而识面焉。初见时，目不敢逼视，以其光艳照人，恐乱吾怀也"。

1900年夏的义和团运动高潮中，赛氏从天津逃到北京，开始了她口述的那段生涯。1903年，赛因幼妓命案吃官司，被解回原籍。不久，经黟县地方名士关说，她又回到上海继续做"领家"。

赛金花在上海复出时，因为《孽海花》第一、二集的畅销而很出风头。1911年辛亥革命后，她两次撤榜嫁人。1918年随丈夫魏氏迁京。1921年魏病故，赛携名为女仆实为女伴的顾妈迁居仁里。

1933年及以后数年内掀起的又一轮"赛金花热"，达到了30多年来的最高潮。据《申报》通讯，各报不逾20日，必见一次赛的消息。社会各界对赛氏褒贬不一，但舆论大多为溢美之词。诸如"光荣"的、"关系中国一段兴亡史实之有名女子"；"设非有赛其人"，则京师名胜，"亿民百官，千娇万丽，俱遭毒屠与奸淫"，故她"在晚清史上同叶赫那拉可谓一朝一野"等等。1936年，四十年代剧社在上海推出话剧《赛金花》（王莹、金山、蓝苹等出演），反响巨大。文艺作品是依托时代变迁塑造角色，因而也是各有特点的。如果说革命军兴的 20 世纪初，《孽海花》勾画了一个不拘礼教的轻佻女性，那么由左翼文化人撰写的《赛金花》，则意在东北沦陷、华北危急的时刻表现一位苟延乱世而未泯良知的风尘红颜，借以影射政要，宣传救亡。不过，这些作品都是在"瓦赛关系"的框架内讲故事的，当时除极个别的事件亲历者外，没有什么人对这个故事发生质疑。那么历史真相又如何呢？

首先可以断定，赛金花说她在"联军入京第五日"（有的访问记给人的印象是很短一段日子），就劝瓦德西"肃整军纪"一事纯属虚构。1900 年 8 月 14 日北京沦陷时，瓦德西还远在柏林。据瓦氏所谓的《拳乱笔记》，他是在 8 月 23 日取道意大利热那亚港口开始远洋航行，于 9 月 27 日经大沽口到达天津，而直至 10 月 17 日才进入北京的。这时离北京沦陷已有 65 日之久。这个"时间差"，让瓦赛"私情"及时制止联军暴行的故事不攻自破。

10 月 17 日以后的一些情形，事件亲历者丁士源（时在德军麾下办事）的《梅楞章京笔记》记述颇细。据载：赛金花在德占区的前门外石头胡同开妓馆，丁和德国"格知府"的翻译葛麟德等人是那里的常客。一次小聚，"赛曰：葛大人，吾等空相识月余，前恳君携赴南海游览，君虽口诺，而终未见实行"。葛推辞而丁承诺。赛"大喜，遂妮（昵）丁进行"。次日，丁、赛一行四骑从前门进内城，直入平头百姓禁入的皇城。当他们经过跨越北海和中南海的金鳌玉蝀（dōng，蝀 dì 蝀，指虹）桥时，"赛于第三骑大呼曰：好景致！好看！丁曰：勿声"！到南海大门，丁求见瓦德西或参谋长，卫兵说他们已经外出，故"不克入内"。按："格知府"指德军"巡防普安公所"的长官格尔少将，他在 1900 年 11 月以后到职，赛和他的翻译"相识月余"，即至 12 月隆冬才有此行。该笔记所载赛的冬装颇详，与时令相符。这时瓦德西进京已有两个月左右，而在丁的记载中，未见赛、瓦有任何关系。

赛金花游历宫禁的兴致不减。据另一位事件亲历者齐如山（戏剧学家）提供的材料说，他当时在全权大臣李鸿章官邸帮忙做德文翻译，和一些德国军人并赛金花都相熟。他曾在紫光阁和瀛台，见过赛和德国下级军官厮混，这两次都看见瓦德西走过，军人们惊慌，商量回避，他走出去和瓦闲谈了几句，但赛没敢出头。不过，齐氏说，他不止一次看到赛金花陪德国军人骑马游前门大街，有一次赛用手一指，对新来的德国军人说："这都是我们的占领区！"

综上所述，一种比较合理的解释是：赛金花是把她和一些德国下级军官们交往的经历，添叶加枝地按到"瓦帅"头上了。因此，赛氏经瓦德西介绍去见克林德夫人云云，也就是面壁独造的虚语。当时，在北京的列强公使团各自秉承本国政府的训令，对怎样利用庚子事件来讹诈中国，进行了会上会下近一年时间的争吵和磋商。据英国外交档案，1900年11月5日的使节会议上，德新任公使提出，要中国政府在克林德被杀地方，"建立一座与他的职位相称的纪念碑"。这个提案在会上被使节们"一致接受"。这就是《辛丑条约》第一款核心内容的由来。而按本文前述，赛当时又何曾进过中南海？

还有一个值得一提的细节：赛说"克林德夫人年纪已五十多岁"，这个说法恰好反证了她根本没有见过这位夫人。克林德夫人出身美国名门，1897年26岁时嫁给当时德国派驻墨西哥的公使克林德。在辛丑谈判时，这位夫人还是年仅30岁的少妇。她也是列强侵华战争造成的不幸者。美化瓦德西，撇开使节团，要这位不预外事的前公使遗孀来承担对华勒索的历史责任，这是不公正的。

本文认为，如果没有发现新的权威性的证据，我们有理由把几度炒得沸沸扬扬的"瓦赛公案"，判定为由无根流言建构的假象。庚辛动荡导致"讹言横兴"，"以谣传为掌故，以讹言为实录，怪诞支离，不可究诘"。像清末石头胡同（所谓"八大胡同"之一）这样的"烟花社区"，更是制造和传播流言的风源。丁士源、赛金花等游南海碰钉子的经历，随即在上海报纸上变成了瓦德西将赛氏"召入紫光阁"的奇闻。当时赛也在人前表功，说她如何跪求克林德夫人。1903年赛发回原籍，又向当地名人讲她如何劝瓦德西保护文物和保护良善。到赛的晚年，这类言说（不排除一些采访者的诱导）被她拉成了一个娓娓动听却很少有人去推敲缕析的故事。社会衰世使赛金花沦落为没有正常谋生手段也不屑于以正常手段谋生的市井闲民。她鲜有荣辱观念，却需要人们对她做出一种远远高于其生活原貌的估计。只有被种种花边新闻所笼罩，人们才会对她刮目相看。特别是到了赛氏贫病交困之时，她要靠讲故事去获得资助，也只有把自己封闭在故事编织的幻影里，才能满足精神虚荣。

1936年12月4日，赛金花在居仁里病故，葬在城南陶然亭。她的墓和同样充斥神秘色彩的香冢、鹦鹉冢毗邻，任由世人评说和遐想。

# 作者简介

程歗（xiào），1938年生，安徽休宁人。中国人民大学国际关系学院教授，国家清史编纂委员会委员、史表组组长。主要著有《晚清乡土意识》《文化、社会网络与集体行动》，合著《义和团文献辑注与研究》《义和团运动史研究》《近代中国灾荒纪年续编》《中国近代十大灾荒》《近代中国不平等条约写实》，合作主编《近代中国的思想历程（1840—1949）》等书。

# 后 记

  清史纂修工作自 2002 年启动以来，一大批新的科研成果相继产生。为发挥清史纂修在资政襄政等方面的作用，我们从 2006 年 7 月开始编发内部资料《清史参考》（周刊），择要刊登在清史纂修和研究工作中形成的部分科研成果。其内容包括典章源流、名人史事、资料考证、学术争鸣等，力求如实反映清代的政治、经济、文化、社会等各方面情况，为有关部门和领导同志提供参考。

  2008 年，我们将已刊发的《清史参考》结集出版，取"以史为鉴"之意，定名为《清史镜鉴》。之后每年一编，先后出版了《清史镜鉴》前四辑。现将 2011 年的《清史参考》合刊为《清史镜鉴》第五辑。我们将所收文章进行了分类，对文中的生僻字词酌加注释，并重新校订了原文。

  《清史参考》编发五年多来，得到了许多读者的关心指点，也得到不少清史专家的大力支持，值此《清史镜鉴》第五辑出版之际，谨表示衷心的感谢！

国家清史编纂委员会

国家清史纂修领导小组办公室

2012 年 2 月